A HISTÓRIA OFICIAL DO FILME

A HISTÓRIA OFICIAL DO FILME

Esta tradução de Conan, o Bárbaro: A História Oficial do Filme, publicada pela primeira vez em 2023, é publicada mediante acordo com **Titan Publishing Group Ltd.**

TITANBOOKS

A division of Titan Publishing Group Ltd
144 Southwark St
London, UK
www.titanbooks.com
Primeira edição: Agosto 2023

© Conan Properties International LLC ("CPI") CONAN, CONAN THE BARBARIAN and all related logos, characters, names, and distinctive likenesses thereof are trademarks or registered trademarks of CPI. ROBERT E. HOWARD is a trademark or registered trademark of Robert E. Howard Properties LLC.

Nenhuma parte desta publicação pode ser reproduzida, armazenada em um sistema de recuperação ou transmitida, de qualquer forma ou por qualquer meio sem a permissão prévia por escrito do editor, nem ser distribuída em qualquer forma de encadernação ou capa diferente daquela publicada e sem uma condição similar seja imposta ao comprador subseqüente.

Brazilian Portuguese edition published by Alta Books
Starlin Alta Editora e Consultoria Eireli.
Rua Viúva Cláudio, 291 — Bairro Industrial do Jacaré - Rio de Janeiro - RJ - Brazil
www.altabooks.com.br
altabooks@altabooks.com.br

Produção Editorial
Grupo Editorial Alta Books

Diretor Editorial
Anderson Vieira
anderson.vieira@altabooks.com.br

Editor
Luciano Cunha

Gerência Comercial
Claudio Lima
claudio@altabooks.com.br

Gerência Marketing
Andrea Guatiello
andrea@altabooks.com.br

Produtor da Obra
Paulo Gomes

Assistentes da Obra
Luana Maura
Viviane Corrêa

Tradução
Duda Ferreira

Revisão Gramatical
Mariana Naime

Diagramação
Luciano Cunha

Todos os direitos estão reservados e protegidos por Lei. Nenhuma parte deste livro, sem autorização prévia por escrito da editora, poderá ser reproduzida ou transmitida. A violação dos Direitos Autorais é crime estabelecido na Lei nº 9.610/98 e com punição de acordo com o artigo 184 do Código Penal.

A editora não se responsabiliza pelo conteúdo da obra, formulada exclusivamente pelo(s) autor(es).

Marcas Registradas: Todos os termos mencionados e reconhecidos como Marca Registrada e/ou Comercial são de responsabilidade de seus proprietários. A editora informa não estar associada a nenhum produto e/ou fornecedor apresentado no livro.

Erratas e arquivos de apoio: No site da editora relatamos, com a devida correção, qualquer erro encontrado em nossos livros, bem como disponibilizamos arquivos de apoio se aplicáveis à obra em questão.

Acesse o site **www.altabooks.com.br** e procure pelo título do livro desejado para ter acesso às erratas, aos arquivos de apoio e/ou a outros conteúdos aplicáveis à obra.

Suporte Técnico: A obra é comercializada na forma em que está, sem direito a suporte técnico ou orientação pessoal/exclusiva ao leitor.

A editora não se responsabiliza pela manutenção, atualização e idioma dos sites referidos pelos autores nesta obra.

Dados Internacionais de Catalogação na Publicação (CIP) de acordo com ISBD

W223c	Walsh, John
	Conan, o Bárbaro: A História Oficial do Filme / John Walsh ; traduzido por Carlos Eduardo Vidal. - Rio de Janeiro : Alta Books, 2023.
	176 p. : il. ; 23cm x 32cm.
	Tradução de: Conan the Barbarian: The Official Story of the Film
	Inclui índice.
	ISBN: 978-85-508-2217-4
	1. Cinema. 2. Produção cinematográfica. 2. Produção. 4. Elenco. 5 Filmagem I. Título.
2023-1821	CDD 791.43
	CDU 791.43

Elaborado por Odílio Hilario Moreira Junior - CRB-8/9949

Índice para catálogo sistemático:
1. Cinema 791.43
2. Cinema 791.43

Editora afiliada à: ASSOCIADO

Essa obra é dedicada à:
Minhas três princesas
Annabel, Charlotte & Helena
John Walsh, autor

A HISTÓRIA OFICIAL DO FILME

JOHN WALSH

TITANBOOKS

SUMÁRIO

▶ **6** PREFÁCIO
RAFFAELLA DE LAURENTIIS

▶ **8** INTRODUÇÃO

▶ **22** DESENVOLVIMENTO

▶ **70** ELENCO

▶ **100** A FILMAGEM

▶ **132** O MUNDO DE CONAN

▶ **150** PÓS-PRODUÇÃO

▶ **176** AGRADECIMENTOS

ACIMA: o diretor John Milius com os produtores Raffaella De Laurentiis e Buzz Feitshans.

ABAIXO: De Laurentiis e Feitshans viriam se casar após o filme.

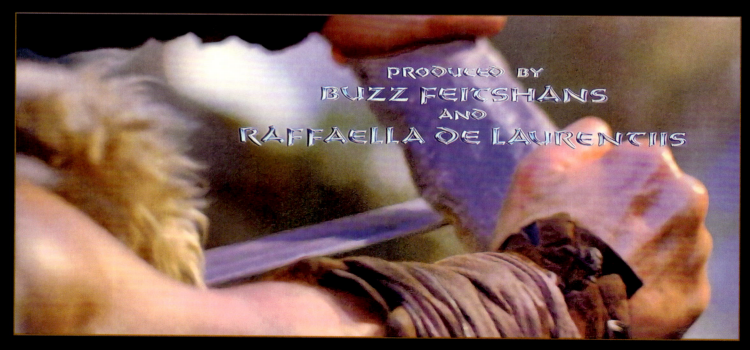

PREFÁCIO
RAFFAELLA DE LAURENTIIS

Fazer *Conan, o Bárbaro* foi uma história de reviravoltas inesperadas. Nós tínhamos um grande orçamento de 20 milhões de dólares e começamos a filmar na antiga Iugoslávia, mas quando encontramos uma falta de infraestrutura, tivemos de repensar e nos estabelecer na Espanha. Perdemos algum tempo e dinheiro, mas encontramos maravilhosos artífices espanhóis que ajudaram a dar vida a *Conan* de um modo que nunca imaginamos. Economizamos cinquenta por cento do nosso orçamento filmando fora de Hollywood, mas isso significou que o trabalho seria mais árduo. Tivemos que construir nosso próprio estúdio para a produção porque nada de tal escala havia sido feito lá antes.

Eu havia acabado de produzir o filme *Furacão*, de 1979, no Pacífico Sul. Meu pai, Dino De Laurentiis, havia se apaixonado pela ilha de Bora Bora e quando preparamos o filme, ele me ligou e disse, "Preciso construir um hotel lá para abrigar a equipe. Você pode fazer isto?" Se fosse hoje eu teria dito, "Não, não dá para fazer". Mas eu havia estudado arquitetura, tinha 24 anos, então concordei em ir para uma viagem exploratória de uma semana — e acabei ficando por dois anos. Construí o hotel, enfrentando todo tipo de problemas relacionados a produção, construção e pessoal. Quando terminamos, Dino estava confiante de que eu poderia cuidar de um filme ainda maior.

Recebi carta branca para produzir *Conan*, o que não significa que foi fácil. John Milius era um diretor e roteirista talentoso, mas tinha uma personalidade forte, igual o meu pai. Ele tinha seus dias bons e ruins. Discutir com ele era difícil. É um cara ótimo e um escritor fabuloso, mas John adorava brigar. Gostava de desafiar figuras de autoridade. Era o estilo dele. E o de Dino também. Logo os dois estavam brigando todos os dias. Sabe o típico "Quem tem o pau maior?". Era assim todos os dias no set de *Conan*! Havia caras grandes e valentões no filme. John, Arnold Schwarzenegger e todos os seus amigos fisiculturistas. Perguntam-me a toda hora a respeito de como fui uma produtora no início dos anos 1980, como não havia tantas mulheres fazendo o trabalho e como deve ter sido difícil. Mas eu apenas fui lá e fiz meu trabalho. O fato de ser mulher na verdade me ajudou a lidar com aqueles machões impetuosos. Ser mulher nunca foi um problema na minha carreira.

Filmamos primeiro um teste de figurino, maquiagem e iluminação em Londres com Arnold. Quem diria que ele se tornaria um mega astro? Era para mostrar Conan como rei, nos anos finais de sua vida, mais velho. A ideia era usar o teste como trailer. Não era para entrar no filme, mas como a presença de Arnold em tela era tão poderosa, acabou sendo usado de qualquer modo. Na época, ele ainda estava estudando inglês. No roteiro original, o personagem de Conan era quem fazia a narração. Mas, no final, trocamos para o personagem de Mako, o Mago, pois todos achavam que o sotaque de Arnold era muito forte.

Filmar *Conan* foi uma batalha. Lançá-lo foi outra. O grande problema foi que o primeiro corte do filme era violento demais. *Conan* recebeu classificação de "apenas para maiores de 18 anos" em três envios para a MPAA antes de finalmente receber uma indicação de "não recomendado para menores de 16 anos". Era um filme único e a violência causou impacto em 1982. Posteriormente, influenciou a criação da indicação de "não indicado para menores de 12 anos", dois anos depois. Até o primeiro teste de exibição, Dino não tinha certeza se o que havíamos feito funcionaria. Mas o comparecimento à sessão foi impressionante, três vezes maior do que estávamos acostumados a acomodar. Um grupo de motoqueiros que eram entusiastas de fisiculturismo ameaçaram causar um tumulto se não entrassem no cinema. Por sorte, encontramos uma solução que permitiu que todos vissem o filme!

Quando olho para trás no 40º aniversário de *Conan, o Bárbaro*, lembro da grande paixão, trabalho e esforço necessários para trazer o filme à vida. Eu me diverti muito e se você olhar para a minha carreira, permaneci na fantasia e na aventura por mais de 30 filmes desde então. Mas essa é outra história…

— **RAFFAELLA DE LAURENTIIS**

À DIREITA: Raffaella De Laurentiis supervisiona cada detalhe da maquiagem para a cena da ressurreição de Conan.

INTRODUÇÃO
A BIGORNA DE CROM

O personagem Conan, o Bárbaro, encarou diversas batalhas ao longo de sua vida literária, mas garantir os direitos de filmagem para colocar *Conan* nas telonas foi apenas uma parte de uma batalha maior. Tentativas anteriores haviam fracassado devido à natureza explícita do material original. No final dos anos 1960, Ray Harryhausen sentia que os relatos monstruosos das aventuras escritas por Robert E. Howard combinariam perfeitamente com a magia dos efeitos especiais do *stop motion*. Harryhausen queria evitar dinossauros após ter feito duas produções consecutivas repletas deles, com *Mil Séculos Antes de Cristo* (1966) e *O Vale de Gwangi* (1969). Harryhausen admirava a arte cinematográfica de Frank Frazetta nas capas dos livros, e havia lido as histórias de *Conan* na adolescência, quando foram publicadas pela primeira vez na revista *Weird Tales* nos anos 1930. Adaptar essas histórias para o público de todas as idades que gostava dos filmes de Harryhausen implicaria em mudanças substanciais no material original, então um acordo nunca foi alcançado e parecia que o material mais adulto de *Conan* teria de permanecer nas páginas dos romances e dos quadrinhos.

Os filmes de 1982 reforçaram com sucesso a percepção de que o cinema de ficção científica e de fantasia dependia do público juvenil. *E.T., o Extraterrestre* redefiniu as bilheterias com sua arrecadação recorde de 793 milhões de dólares, muito à frente do segundo lugar, *Rocky III, o Desafio Supremo*, com 270 milhões. Os únicos outros filmes de gênero entre os dez primeiros foram o horror produzido por Spielberg, *Poltergeist: o Fenômeno*, na quarta posição com 121 milhões de dólares e *Jornada nas Estrelas II: a Ira de Khan*, em um respeitável sétimo lugar com uma bilheteria de 97 milhões de libras. No entanto, um conteúdo de ficção científica mais reflexivo, criativo ou explícito não encontraria um público favorável em 1982, com fracassos de bilheteria que incluíam *Tron: Uma Odisseia Eletrônica*, *Blade Runner, o Caçador de Androides* e *O Enigma de Outro Mundo*, de John Carpenter. Contudo desde então, esses filmes encontraram seu público e são muito respeitados pelos críticos de hoje.

A visão dos grandes estúdios era a de que os filmes de espada e feitiçaria eram ultrapassados, caros e precisavam atrair o maior público possível. É difícil de acreditar hoje em dia, na esteira de *Game of Thrones* e similares, que já houve essa resistência na indústria.

Em seu lançamento em 1982, *Conan, o Bárbaro* foi um sucesso de bilheteria, apesar (ou talvez por causa) do seu retrato essencialmente fiel do personagem e da narrativa. Do roteiro original de Oliver Stone à reinvenção do cineasta John Milius e sua relação tempestuosa com o magnata italiano do cinema Dino De Laurentiis, fez-se história do cinema. Pegando as sementes das histórias clássicas de Robert E. Howard, John Milius se inspirou no filósofo alemão Friederich Nietzche, e o cita na abertura do filme.

"O que não nos mata, nos torna mais fortes."
— Friederich Nietzche

Os críticos acusaram o filme de Milius de ter uma certa postura de direita. Outros o consideram um dos grandes cineastas de seu tempo, ao trazer um realismo brutal a um gênero de cinema que até então havia sido definido por filmes mais palatáveis para o público em geral. Milius toma muito cuidado ao tratar seu material com um respeito e seriedade dignos de qualquer cinebiografia histórica. *Conan, o Bárbaro* redefiniu os limites da produção de filmes aceitáveis para o grande público e, no processo, criou um dos maiores astros do cinema.

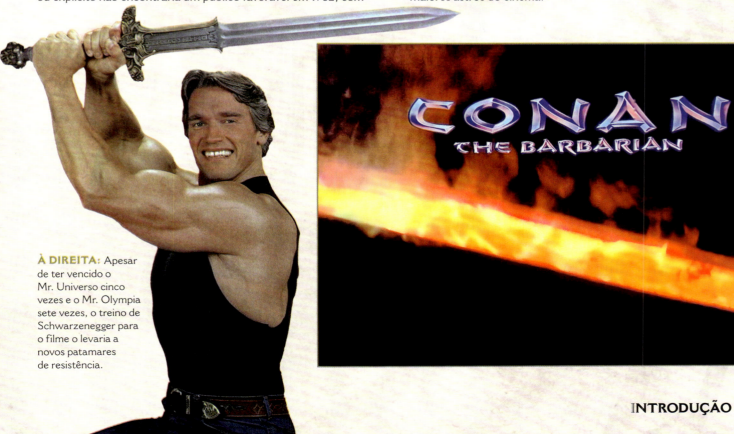

À DIREITA: Apesar de ter vencido o Mr. Universo cinco vezes e o Mr. Olympia sete vezes, o treino de Schwarzenegger para o filme o levaria a novos patamares de resistência.

INTRODUÇÃO 11

INTRODUÇÃO
A HISTÓRIA DE ORIGEM

O escritor americano Robert E. Howard tinha apenas 26 anos quando concebeu a ideia de Conan em uma viagem para o Texas. Nove meses depois, tinha a base para a série de contos e livros que viriam a seguir. Ele foi considerado o pai do gênero espada e feitiçaria. Quatro anos depois, tirou a própria vida.

Howard nasceu em 1906 no Texas, Estados Unidos. Aqueles que o conheciam achavam que ele era uma criança estudiosa, mas também era um pugilista amador e fisiculturista. Sonhava em se tornar um escritor publicado quando tinha 9 anos de idade e, aos 23, seu trabalho foi publicado na revista *Weird Tales* e também em jornais. Infelizmente, não foi devidamente apreciado em vida, alcançando maior sucesso postumamente.

Acredita-se que os anos de formação de Howard moldaram sua escrita. Seu pai, Isaac, médico da zona rural, se viu envolvido em vários esquemas de enriquecimento rápido que invariavelmente fracassaram, o que causou uma ruptura no casamento com sua esposa, Hester. Acreditando ter se casado com alguém abaixo de sua posição, afastou de Isaac a si mesma e ao filho. Robert e sua mãe passaram muitos anos ajudando parentes que sofriam de tuberculose. Hester encorajou as ambições autorais de Robert e o apresentou à poesia, lendo diariamente para estimular a escrita do filho. Apesar de seu amor pelos livros e pela escrita, a escola foi um desafio para ele, pois se ressentia das figuras de autoridade e dos valentões da escola. Isso moldou sua visão da existência do mal e de como superá-lo.

A profissão do pai como médico local também influenciou a escrita gráfica de Howard. Testemunhou em primeira mão detalhes de ferimentos consequentes do aumento da criminalidade que acompanhou o *boom* do petróleo, tais como ferimentos de bala, ferimentos industriais e até linchamentos. Seus primeiros escritos apresentaram histórias de vikings e árabes. Jack London e suas histórias de vidas passadas e reencarnação influenciaram seu estilo e narrativa. Junto com as aventuras indianas de Rudyard Kipling e o as obras sobre mitologia de Thomas Bulfinch, o terreno fora preparado para *Conan*.

Embora Howard estivesse enviando histórias para revistas aos 15 anos, frequentemente elas eram rejeitadas. No entanto, isso não o dissuadiu, e ele aperfeiçoou sua escrita ao organizar um jornal e revista amadores com amigos que o encorajavam.

NESTA PÁGINA: A paixão de Robert E. Howard pela escrita fantástica impulsionou seu primeiro sucesso com uma publicação na revista *Weird Tales*.

12 CONAN, O BÁRBARO – A HISTÓRIA OFICIAL DO FILME

NESTA PÁGINA: Retrato de Robert E. Howard. Ele morreu tragicamente aos 30 anos. Seu estado mental inconstante provavelmente o levou ao suicídio.

ACIMA: Howard fazendo pose de durão para que seus oponentes no boxe vissem.

ACIMA: Howard fazendo pose em uma fantasia de caubói. Sua perspectiva sobre a vida e a escrita sugere que provavelmente teria se adaptado à vida de caubói.

As primeiras histórias publicadas por Howard estavam na edição de dezembro de 1922 do *The Tattler*, o jornal do colégio Brownood. Após deixar a escola, fez vários trabalhos ocasionais antes de se matricular na universidade Howard Payne em um curso de estenografia – seu pai se recusou a pagar por um curso mais caro e menos vocacional. Após anos de rejeições dos editores, Howard recebeu seu primeiro pagamento (de 16 dólares) por uma história enviada para a revista *Weird Tales*. Sua carreia como escritor de ficção começou oficialmente. Largou a faculdade e assumiu o cargo de redator no *Cross Plains Review*, um jornal local. Howard se desiludiu com seus textos para a *Weird Tales* e desistiu de escrever, assumindo um trabalho de 80 dólares por semana na farmácia de Robertson. O dinheiro era bem-vindo, mas a situação o deixava frustrado. Ele extravasava sua raiva participando de lutas de boxe.

Após ser diagnosticado com sarampo e largar o emprego na farmácia, Howard escreveu sua próxima e mais significativa obra até então, *O Reino das Sombras*, um conto épico de fantasia que apresenta o personagem Kull e o cenário da Valúsia. Desta vez, suas influências incluíam H. P. Lovecraft, A. Merritt e Edgar Allan Poe. Essa nova mistura de fantasia, mitologia, ação, horror e romance se tornaria conhecida como "espada e feitiçaria". A *Weird Tales* ficou tão impressionada com a história que pagou a Howard a maior quantia que havia recebido até então: 100 dólares. Infelizmente, duas outras aventuras de Kull foram rejeitadas pela *Weird Tales*, então Howard aposentou o personagem.

Em 1928, revisitou algumas das histórias de Kull para criar *Sombras Vermelhas*, a primeira aparição do personagem Solomon Kane.

Esta fez sucesso entre os leitores e uma série de aventuras vieram a seguir. Em 1929, Howard criou uma série de contos baseados em sua paixão pelo boxe, com o primeiro aparecendo na revista *Ghost Stories*. Isso o levou a mais contos de combate corpo a corpo para as revistas *Fight Stories* e *Sport Story*. Aos 23 anos, Howard era um escritor em tempo integral, e por um tempo ficou fascinado com as lendas irlandesas e entrou em sua "fase celta", criando o personagem Turlogh Dubh O'Brien e até aprendeu gaélico. Infelizmente, não conseguiu vender nenhuma dessas histórias.

Em 1932, em uma de suas muitas viagens pelo Texas, Howard imaginou a Ciméria e escreveu um poema sobre essa terra bárbara. Foi aí que Howard vislumbrou Conan pela primeira vez. Em 1935, em uma carta para o escritor e artista americano Clark Ashton Smith, Howard recordou que Conan "simplesmente surgiu em minha mente alguns anos atrás quando fiz uma parada em uma cidadezinha na fronteira no baixo Rio Grande". Quase um ano após essa viagem inicial que Conan seria totalmente desenvolvido (Howard usou o nome "Conan" em uma história de reencarnação para a revista *Strange Tales* em 1931). Os outros personagens, locais e mitologia levaram muito mais tempo, é claro, enquanto ele criava todo um ambiente crível e um período histórico fictício chamado de Era Hiboriana. Howard reescreveu uma das histórias de Kull, *Com este machado eu governo!*, para ser a primeira aventura de Conan, renomeada *A Fênix na Espada*. Mais duas aventuras vieram a seguir: *A Filha do Gigante de Gelo* e *O Deus na Tigela*. Howard também criou dois mapas ilustrando a geografia e as terras envolvidas e um glossário de personagens intitulado *Notas sobre vários povos da Era Hiboriana*.

Howard escreveu nove histórias de Conan antes que a primeira fosse publicada na edição de dezembro de 1932 da *Weird Tales*. A reação do público foi imediata e muito positiva e Howard vendeu um total de 17 histórias de Conan para a *Weird Tales* entre 1933 e 1936.

Após uma série de rejeições de um editor de Londres a respeito de uma compilação dos contos de Conan na *Weird Tales*, Howard começou a trabalhar em seu primeiro e único romance de Conan, *A Hora do Dragão*. Apesar de trabalhar no livro por dois meses, escrevendo até 5 mil palavras por dia, os esforços de Howard resultariam em decepção novamente quando a editora faliu em 1936 antes que o romance pudesse ser publicado. Posteriormente, este foi serializado na *Weird Tales*, começando na edição de dezembro de 1935, mas, em 1936, Howard se afastou de Conan e se concentrou em histórias mais tradicionais de faroeste.

Sua mãe, Hester, lutara contra a tuberculose por mais de 20 anos e estava perdendo a batalha. Essa perturbação emocional e a sua necessidade por cuidados médicos, combinadas com visitas frequentes ao hospital, tornaram quase impossível qualquer nova escrita para Howard. Nas semanas que se seguiram, Howard deixou com seu agente instruções sobre o que fazer no caso de sua morte; e até comprou um jazigo familiar. Em 11 de julho de 1936, após receber a notícia de que sua mãe estava morrendo e que não havia chance de recuperação, entrou em seu carro que estava no acesso a garagem de casa, colocou uma arma na cabeça e puxou o gatilho.

A obra de Howard e o mundo de Conan influenciou muitos autores que estavam surgindo e suas histórias continuam a vender bem. Ele continua sendo um dos autores de fantasia mais vendidos de todos os tempos.

À DIREITA: Um jovem e idealista Howard, que frequentemente tentava viver os papéis que criava em suas páginas.

INTRODUÇÃO
VIRANDO QUADRINHOS

Conan, o Bárbaro aparece nos quadrinhos ininterruptamente desde 1970. Os quadrinhos são sem dúvida, além dos livros, o veículo que teve a influência mais significativa na longevidade e popularidade do personagem. O presidente Obama é colecionador e fã dos quadrinhos de Conan, o Bárbaro e apareceu como personagem em uma história em quadrinhos chamada Barack the Barbarian, da editora Devil's Due em 2009.

Embora Conan tenha aparecido pela primeira vez em quadrinhos na revista mexicana de 1952 Cuentos de Abuelito nº 8, publicada pela Corporacion Editorial Mexicana (com o conto A Rainha da Costa Negra), foi o relançamento do personagem pela Marvel Comics que teve o maior impacto com os leitores. E a edição de lançamento do Conan da Marvel Comics de outubro de 1971 foi tão bem-sucedida que gerou 275 edições, indo até 1993. Acredita-se que foi o que abriu caminho para o reaparecimento da espada e feitiçaria na cultura popular americana nos anos 1970. Em 2003, a Dark Horse Comics se tornou o novo lar de Conan até 2018, quando o bárbaro voltou a ser licenciado pela Marvel Comics.

Novos escritores trariam de volta velhos personagens e criariam novos, expandindo o universo da Era Hiboriana. O sucesso de Conan, o Bárbaro levaria à revista derivada, mais adulta e em preto e branco, A Espada Selvagem de Conan, em 1974, por Roy Thomas, John Buscema e Alfredo Alcala (entre outros). Essa nova marca de Conan tornou-se uma das mais populares séries em quadrinhos dos anos 1970 e suas tiras foram serializadas nos jornais de 1978 até 12 de abril de 1981. Inicialmente criadas por Roy Thomas e John Buscema, várias equipes de escritores e ilustradores, novos e experientes, trabalharam nas tiras ao longo dos anos.

A decisão da Marvel em adaptar Conan veio dos pedidos dos leitores para adaptar personagens fictícios da literatura na forma de quadrinhos. Tais pedidos incluíam Doc Savage das revistas pulp, e vários outros personagens, desde O Senhor dos Anéis de J. R. R. Tolkien até Tarzan e John Carter de Marte de Edgar Rice Burroughs.

Em seu livro de 1991 Marvel: Five Fabulous Decades of the World's Greatest Comics, o historiador de quadrinhos Les Daniels comenta que "Conan, o Bárbaro foi uma aposta da Marvel. A série continha os elementos comuns de ação e fantasia, sem dúvida. Ainda assim, era ambientada em um passado que não tinha relação com o Universo Marvel e apresentava um herói que não possuía poderes mágicos, tinha pouco humor e poucos princípios morais em comparação."

A reinvenção nos quadrinhos de Conan se provou um sucesso de vendas e de crítica para a Marvel Comics e ganhou uma série de premiações da indústria durante os anos 1970 pelas aventuras do cimério.

ESQUERDA e DIREITA: Capas das edições de Conan the Barbarian, da Marvel Comics. Edições em estado de banca da edição número 1 podem valer mais de mil dólares atualmente.

16   CONAN, O BÁRBARO – A HISTÓRIA OFICIAL DO FILME

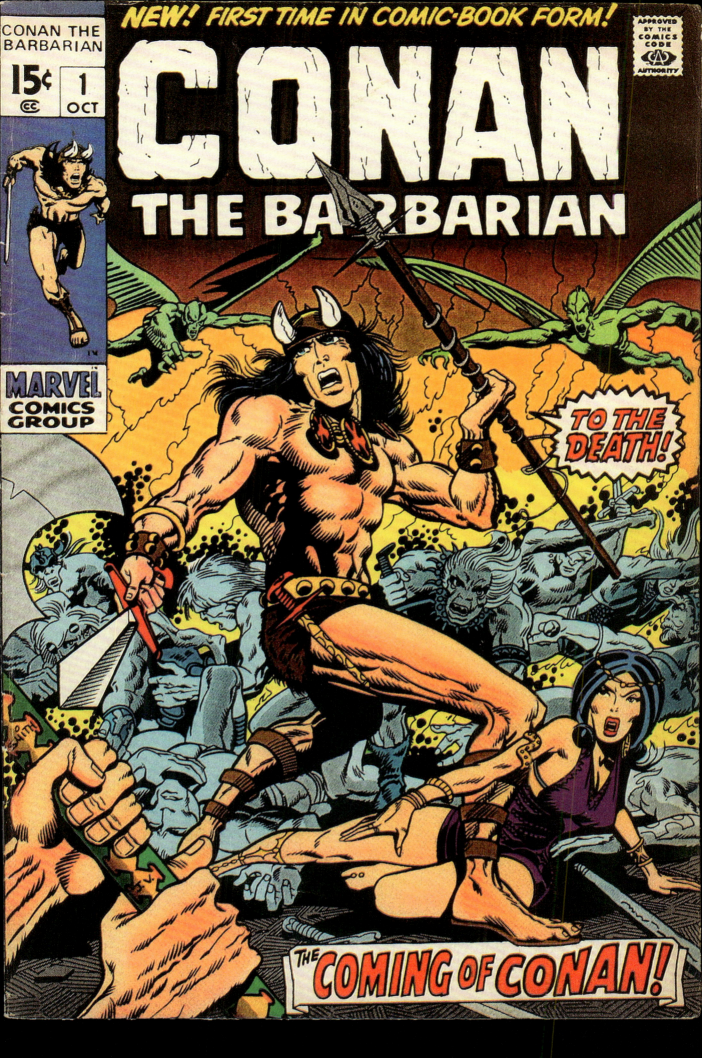

NESTA PÁGINA: *Conan, o Bárbaro*, de Frank Frazetta, cujo visual definiu o personagem por mais de meio século. Ilustração © 2023 Frazetta Girls, Inc.

INTRODUÇÃO
O LEGADO DE HOWARD

Desde a morte de Robert E. Howard em 1936, muitos escritores usaram o personagem Conan em romances e contos. Alguns até terminaram manuscritos inacabados de Howard ou escreveram novas aventuras. Autores contemporâneos escreveram mais de 50 romances e vários contos estrelando Conan.

A editora The Gnome Press trouxe Conan para o público de 1950 até 1957, incluindo todos os originais de Howard, até as obras não publicadas. No entanto, a Gnome Press escolheu apresentar cada romance na ordem cronológica das narrativas criadas por Howard em vez da sua ordem de publicação original.

A série em brochura da Lancer/Ace durou de 1966 até 1977 e trouxe (até então) a mais abrangente coleção dos escritos de Howard, tanto completos quanto inacabados, para o público. Os famosos autores americanos de ficção científica Lin Carter e L. Sprague de Camp editariam o material e, em alguns casos, terminaram manuscritos inacabados de Howard. Dos doze livros publicados, seis são obras inteiramente novas de Carter e de Camp, e oito dos doze romances apresentam a icônica ilustração de capa de Frank Frazetta.

Conan nunca esteve fora de catálogo e, nas décadas seguintes, a obra de Howard finalmente recebeu uma apreciação mais detalhada de sua qualidade literária. Não era mais considerada fantasia juvenil. No final dos anos 1980, a casa de Howard foi comprada e restaurada pelo Pride Project, uma organização comunitária em Cross Plains, Texas. Hoje em dia, sua casa está incluída no Registro Nacional de Lugares Históricos. Uma vez por ano, o projeto patrocina o Robert E. Howard Day e convida as pessoas a visitarem a Casa Howard e a conhecerem o lar onde o autor viveu.

Estima-se que as obras de Howard venderam mais de dez milhões de cópias apenas no formato de livros. Suas vendas totais, incluindo quadrinhos e revistas impulsionados pelas suas histórias, são consideravelmente mais altas.

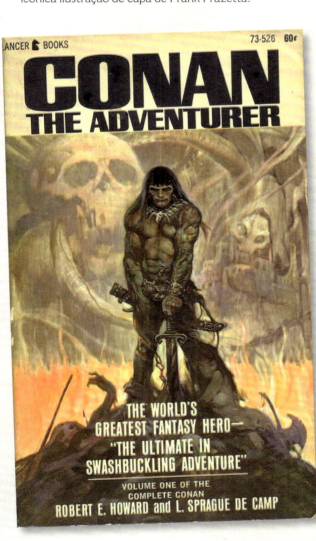

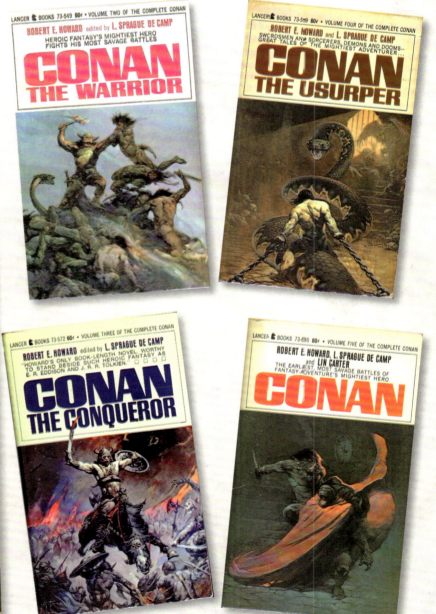

INTRODUÇÃO 19

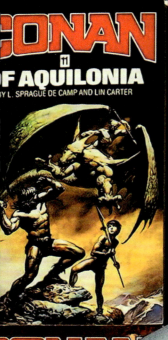

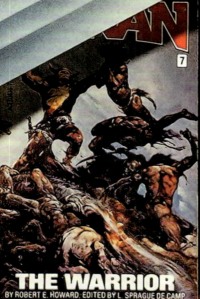
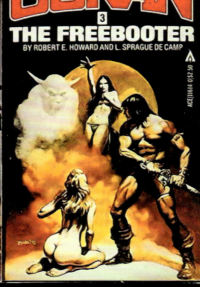
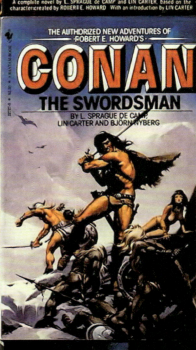

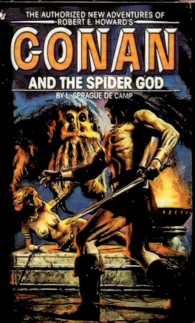
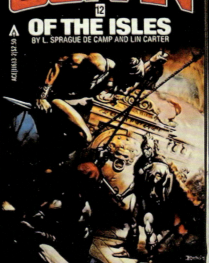
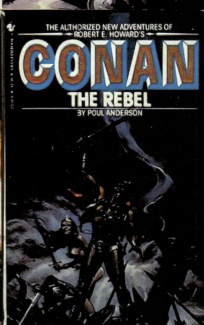

DESENVOLVIMENTO

NESTA PÁGINA: O investimento total de Schwarzenegger no papel significou que o sucesso ou fracasso do filme estava, sobretudo, nos ombros do ator.

DESENVOLVIMENTO
LEVANDO CONAN À TELONA

Levar a história de Conan para o cinema seria uma batalha épica, forjada no fogo dos estúdios de Hollywood e alimentada por milhões de dólares. No entanto, o resultado produziu um dos mais bem-sucedidos e improváveis astros do cinema. Muitos produtores tentaram obter os direitos de Conan, mas poucos atenderam às exigências do espólio de Howard, que exigia que o personagem não fosse diluído para um público juvenil.

O produtor Edward Pressman foi o primeiro a fazer uma proposta séria. Desde o seu filme de estreia *Out of It* (1969), Pressman produziu filmes que incluíam um Jon Voight pré-*Perdidos na Noite* (1969) em uma comédia adolescente leve. No entanto, apenas no seu quinto filme, o drama criminal *Terra de Ninguém* (1973), a estreia na direção de Terence Malick, que Pressman começou a ser notado por Hollywood. Também produziu dois dos primeiros filmes de Brian De Palma: *Irmãs Diabólicas* (1972) e *O Fantasma do Paraíso* (1974). Pressman também daria ao astro de *Rocky*, Sylvester Stallone, a sua estreia na direção com *A Taberna do Inferno* (1978). As relações de trabalho bem-sucedidas de Pressman com diretores enérgicos fizeram com que inicialmente se associasse a Oliver Stone para *Conan*.

O produtor associado Edward Summer era um autor bem-sucedido, artista e roteirista de quadrinhos. Depois de trabalhar no material promocional de *O Fantasma do Paraíso* de seu amigo Brian de Palma, Pressman reconheceu a sensibilidade artística única de Summer e o convidou para se juntar ao desenvolvimento de *Conan*. Contudo, ainda levaria mais dois anos para os direitos de Conan serem obtidos e mais outros cinco antes que *Conan, o Bárbaro* finalmente chegasse às telas, ainda que com uma nova equipe criativa e produtor. Summer foi o responsável pelo tratamento original da história, com a a guma colaboração de Roy Thomas, que havia escrito e editado a série de *Conan* em quadrinhos para a Marcel Comics.

ABAIXO: Jorge Sanz, interpretando um jovem Conan, ao lado de Nadiuska, no papel de sua mãe, prontos para o ataque à aldeia que abre o filme.

DESENVOLVIMENTO
ESCRITO 'EM PEDRA'

O produtor Ed Pressman contratou primeiro o roteirista Ed Summer e depois Roy Thomas, da Marvel Comics, mas ele sabia que precisava de um roteirista mais experiente para que o projeto recebesse o sinal verde de algum estúdio. "Eles escreveram uma história muito interessante e envolvente que poderia ser a base do filme. No fim das contas, o que fez o projeto andar foi o roteiro de Oliver [Stone]. Era como o inferno na terra de Dante. Era uma concepção impressionante do que o filme *Conan* poderia ser."

Stone sempre foi um fã de quadrinhos e quando Ed Pressman o abordou com a proposta para escrever e dirigir um filme de Conan, não precisou ser persuadido. Stone fez a sua estreia como diretor com o horror de baixo orçamento *Seizure* (1974). O filme não foi um grande sucesso, mas, em 1979, sua sorte mudou quando escreveu o roteiro para *O Expresso da Meia-Noite*, de Alan Parker, pelo qual ganhou um Oscar. Seu primeiro roteiro para *Conan* era épico e caro — caro demais para a Paramount Pictures aprovar a produção. Também foi escrito sob a influência de cocaína e antidepressivos, aos quais Stone era viciado na época, e o resultado foi que o diretor John Milius chamou o roteiro de um "delírio intenso devido às drogas", embora fosse bastante inspirado.

Stone via *Conan* como uma franquia potencialmente lucrativa. Em sua autobiografia *Chasing the Light*, ele descreve sua ambição para a série.

NESTA PÁGINA: Valerie Quennessen, que interpretou a filha do Rei Osric, é conduzida por Arnold Schwarzenegger após o violento e ardente final do filme.

NESTA PÁGINA:
Schwarzenegger montado em um cavalo durante a filmagem do filme redimensionado de John Milius. A dimensão ambiciosa do *Conan* de Oliver Stone impossibilitou o filme nos anos 1970.

"Eu comecei a trabalhar em uma tela enorme, antevendo uma série como o *Tarzan* de Edgar Rice Burroughs, uma das "franquias" (na época uma palavra nova) mais bem sucedidas já criadas. A série de *James Bond* estava prosperando, instigando-me a ir mais longe. Por que não? Estávamos em uma nova era para os filmes. A fantasia estava dobrando a esquina, pronta para deslanchar."

Stone admitiu que era atraído pelo mundo de *Conan* porque era bastante diferente da maioria das representações de fantasia na literatura da época. "Conan, no espírito perverso de Howard, era um verdadeiro pagão, em oposição a um cristão, mais sombrio que o Tarzan proposto pela visão Darwiniana da evolução de Edgar Rice Burroughs." Stone via paralelos até mesmo entre a atitude de Conan e a atitude de "vá se foder" de Jim Morrison, o líder do The Doors, o que significava que ele era o "homem livre definitivo".

Stone enxergava a obra como uma franquia de filmes com o potencial para durar décadas. "Lá pelo filme dez ou doze, na minha cabeça, Conan, após muitas aventuras horripilantes contra todo o tipo de inimigos e incríveis mulheres, incluindo Red Sonja, iria descobrir o Reino dos Seus Sonhos. E com ele, a sua rainha."

A tecnologia de Hollywood do final dos anos 1970 não permitiu um filme como o proposto por Stone. Seu roteiro tinha 140 páginas e incluía vastas cenas de batalha apresentando exércitos de mutantes. Não seria até a trilogia *O Senhor dos Anéis* de Peter Jackson (2001 - 2003) para que tais cenas pudessem ser feitas de maneira convincente nas telas de cinema.

NESTA PÁGINA: Stone e Pressman não sobreviveram ao desenvolvimento do filme de *Conan*, mas sua primeira escolha de ator, sim.

À ESQUERDA e ACIMA: A habilidade de Schwarzenegger em sobreviver às mudanças na equipe criativa fizeram dele a escolha ideal para o personagem central.

Assim que entendeu que não iria dirigir o filme, Stone buscou outros cineastas, incluindo o animador Ralph Bakshi, já que era capaz de criar um espetáculo nas telas através da animação que só seria possível com atores reais vinte anos depois. Com bastante sucesso e uma boa bilheteria, Bakshi já havia abordado *O Senhor dos Anéis* com o seu filme de animação de 1978. Após se reunir com empresas de efeitos especiais e criar um orçamento baseado no roteiro de Stone, chegou a mais de 100 milhões de dólares. Novamente, algo que Hollywood jamais contemplaria. Até 1980, o filme mais caro havia sido *Superman* (1978), com 55 milhões.

Um dos cineastas procurados foi o diretor britânico Ridley Scott, que recusou o projeto, pois estava ocupado filmando *Alien* e preparando *Blade Runner*. O diretor John Milius já expressara interesse no projeto, e no final dos anos 1970 teve sucesso com créditos de roteiro em *Perseguidor Implacável* (1971), *Tubarão* (1975), *Apocalypse Now* (1979), e escrevera e dirigira *Amargo Reencontro* (1978). Stone gostava dele, descrevendo-o como "um egocêntrico agradável". Os dois compartilhavam uma filosofia, apesar de estarem em lados opostos do espectro político. Milius era apaixonado por armas e caçadas e apreciava a ideia de uma fantasia épica e violenta como *Conan*. No entanto, a visão de ambos divergia a respeito da motivação de Conan: Milius acreditava que Conan não poderia confiar em nenhum ser vivo, e que sua espada estava intrinsecamente ligada à sua alma. Conan era o matador de homens. Por exemplo, este é um trecho do roteiro de Milius para *Conan*:

O MESTRE:

Pois em ninguém deste mundo você pode confiar. Nem feras, homens, mulheres... [sacando sua espada]. Nisso você pode confiar. Deixe que os xamãs e os tolos pensem em Crom. Ele não se importa. A dor e o sofrimento o divertem. Aprenda o enigma do aço... e a sua espada será a sua alma.

Stone acreditava que a alma de Conan era "mais sútil que o aço". Stone se alistou no exército americano para combater no Vietnã em 1967. Hoje, descreve-se como um amante da paz.

No mesmo dia que Ridley Scott recusou a oferta para dirigir *Conan*, Stone e Pressman se reuniram com Dino De Laurentiis e concordaram em vender os direitos para o filme. Stone queria manter muito do seu roteiro para o filme, mas não estava contente com o que viu da reescrita de Milius, que descreveu como "um estranho híbrido de um bang-bang à italiana com uma saga de espada e sandália, usando Dino em seus dias de redução de custos na Cinecittà".

Parecia que a franquia de filmes do *Conan* pela qual Stone ansiava havia sido descartada. "Havia pelo menos dez grandes histórias na obra de Howard. Poderia ter sido mágico, tão à frente de seu tempo, antes do digital, antes da trilogia *O Senhor dos Anéis*. Foi triste ver algo tão cheio de vida e de possibilidades morrer. Mas essa era a norma em Hollywood, na qual, após a minha iniciação mágica, agora estava recebendo uma educação não sentimental."

Para estrelar como o próprio Conan, Pressman primeiro procurou Arnold Schwarzenegger que, apesar de ter aparecido em apenas um filme, *Hércules em Nova York* (1970), e um documentário, *O Homem dos Músculos de Ferro* (1970), era imaginado por Pressman como o protagonista de seu épico multimilionário. O sotaque austríaco de Schwarzenegger era proeminente, então Stone pediu que gravasse falas de uma história em quadrinhos de Conan em uma fita. No mesmo instante, Stone soube que ele tinha o carisma necessário para dar vida ao personagem nas telonas. Além disso, viu a habilidade de Schwarzenegger em confundir as expectativas a seu respeito e seu valor. "Arnold nunca perdeu sua percepção de camponês austríaco astuto a respeito das expectativas dos outros. Deixe que o subestimem — mas ele conhecia o seu Conan. Não era um Al Pacino, mas, por outro lado, quem imaginaria que se tornaria governador da Califórnia?"

DESENVOLVIMENTO 29

DESENVOLVIMENTO
CONAN, O 'INFILMÁVEL'?

Diversos cineastas expressaram interesse em *Conan*, incluindo Ray Harryhausen no final dos anos 1960. No entanto, a combinação entre a base de fãs juvenil e a violência extrema em tela, necessária para representar o material original com precisão, o tornava uma empreitada arriscada. Muitos estúdios sentiam que um filme de espadas e sandálias, violento e intenso não teria um retorno financeiro. Os direitos para *Conan* também estavam congelados após a Lancer Books entrar em recuperação judicial, e uma disputa sobre a propriedade surgiu.

Levar o impossível para as telas havia quase se tornado a razão de ser para o produtor italiano Dino De Laurentiis. Seus primeiros sucessos europeus incluíam *A Estrada da Vida* (1954) de Fellini, os épicos históricos *Barrabás* (1961) e *A Bíblia* (1966) de John Houston e a ficção científica cult *Barbarella* (1968). De Laurentiis veio para os Estados Unidos em 1976, e obteve uma sequência de sucessos de bilheteria, incluindo *Serpico* (1973), *Desejo de Matar* (1973) e *Três Dias do Condor* (1975). Sua fortuna e ambição decolaram quando produziu o *remake* do clássico *King Kong* em 1976 e criou um dos maiores sucessos de bilheteria dos anos 1970. Apesar de ter estreado em 17 de dezembro, ele se tornou a quarta maior bilheteria do ano em apenas três semanas. De Laurentiis adotaria a ficção científica e a fantasia e, após *Flash Gordon* (1980), estava pronto para embarcar em outra fantasia colossal baseada em um conhecido personagem das *pulps* e dos quadrinhos, novamente com um ator desconhecido.

A reunião inicial entre o produtor e o protagonista não foi nada bem. Schwarzenegger relembra, "Nossa primeira reunião durou exatamente um minuto e quarenta segundos. Entrei no escritório dele com o meu agente, que havia passado dois meses acertando a reunião, e eu fiz uma observação estúpida a respeito da altura dele. Acho que falei, 'Por que um sujeito pequeno como você precisa de uma mesa tão grande?' Ele respondeu, 'Ah, você tem um sotaque'. Eu disse, 'Olha quem fala', e ele disse, "Você não é adequado para o papel. Nos falamos depois.' Foi o fim da reunião". Contudo, acabou que Schwarzenegger havia impressionado De Laurentiis o suficiente para ele dar uma chance para o ator novato, apesar da primeira má impressão.

Enquanto isso, Dino ainda estava interessado em colocar John Milius na cadeira de diretor, tanto por seu olhar de cineasta, quanto por seu talento como roteirista. O roteiro infilmável de Oliver Stone precisava de uma reescrita para colocá-lo no reino do possível e do financeiramente viável.

ABAIXO: Os produtores Martha Schumacher e Dino De Laurentiis com Schwarzenegger no set do filme de ação de 1986, *Jogo Bruto*.

NESTA PÁGINA: Schwarzenegger, De Laurentiis e Milius no enorme set da cena da orgia.

Uma relativamente recém-chegada para a cadeira de produtora seria a filha de De Laurentiis, Raffaella, que tinha apenas 26 anos quando assumiu o cargo, trabalhando em sua primeira grande produção internacional como produtora. Dino De Laurentiis deu carta branca para Raffaella no filme, e só apareceu no set após quatro dias de filmagem. Arnold Schwarzenegger lembra da visita. "Dino foi ao set depois de quatro dias de filmagem. Ele havia visto os copiões e veio falar comigo nos degraus de uma grande cena de batalha. 'Ei, Schwarzenegger, venha cá', ele disse. 'Você é Conan!' Ele não disse 'Você está ótimo!', ou 'Você está fantástico!' Em vez disso, me deu o maior elogio de todos, ao me dizer que eu era o personagem. 'Ah!' eu pensei, 'Acho que acabamos de resolver nossas diferenças.'"

Em um momento marcante de uma reunião de roteiro, Schwarzenegger testemunhou a abordagem brutal de De Laurentiis para economizar dinheiro. "Nós nos reunimos para discutir o roteiro e Raffaella disse 'Dino, ele é fantástico, mas vai custar 13 milhões de dólares para fazer e o nosso orçamento é de apenas 11 milhões.' Dino respondeu 'Isso é fácil. Arnold, observe.' Então ele abriu o roteiro, agarrou dez páginas e as arrancou. 'Agora ele custa 11 milhões.' E foi isso. Quando o filme saiu, ninguém sequer soube que essas cenas estavam faltando."

ABAIXO: A relação dos dois se tornou tão próxima, que Schwarzenegger carinhosamente descreveu De Laurentiis, em várias ocasiões, como uma figura paterna.

DESENVOLVIMENTO

DESENVOLVIMENTO
A ARTE DE FRANK FRAZETTA

A obra icônica de Frank Frazetta em quadrinhos, livros de fantasia e ficção científica e em capas de discos garantiu sua reputação como "O Padrinho da Arte de Fantasia" e um dos mais renomados ilustradores do século XX. A popularidade de Conan entre os jovens americanos do sexo masculino, que estavam comprando reedições das histórias com a arte de Frazetta, tanto em romances, quanto nas adaptações da Marvel, chamou a atenção do mundo do cinema. Ao lado do criador de Conan, Robert E. Howard, Frazetta é a pessoa mais influente em termos de compreender Conan em suas ilustrações contundentes e viscerais.

Frazetta nasceu no Brooklyn, Nova York, em 1928, em uma família com três irmãs. Passou muitos dos seus primeiros anos com sua avó, que incentivava suas habilidades artísticas. Pouco antes de sua morte, em 2010, ele revelou o profundo nível de encorajamento que recebia dela. "Quando eu desenhava algo, era ela quem dizia que estava maravilhoso e me dava uma moeda para continuar. Às vezes não tinha nada além de papel higiênico para desenhar. Conforme crescia, comecei a desenhar umas coisas bem malucas para a minha idade. Lembro que os professores sempre ficavam hipnotizados pelo que estava fazendo, então era difícil aprender alguma coisa com eles. Depois, fui para a escola de arte quando era um garotinho, e até lá os professores piraram."

Aos 8 anos, Frazetta frequentou a Academia de Belas Artes do Brooklyn, e aos 16 começou a trabalhar no estúdio do artista de quadrinhos Bernard Baily, fazendo o refinamento das artes a lápis. Um fluxo contínuo de trabalho o levou a sua primeira história, *Snowman*, um projeto de oito páginas no qual ele fez toda a arte-final. Os anos de trabalho com quadrinhos deram a ele um embasamento para os negócios e um estilo fluído para as suas ilustrações. Suas paródias de propagandas de produtos de cabelo na revista *Mad*, em 1964, apresentando o Beatle Ringo Starr, chamariam a atenção de Hollywood. A criação do pôster do filme de Peter Sellers *Que é Que Há, Gatinha?* (1965) foi encomendada a Frazetta. Mais pôsteres de filme vieram a seguir, junto com lucrativas negociações de artes de capa de livros. Foi quando Frazetta criou suas obras mais amadas.

Sua interpretação de Conan para as capas dos romances era inteiramente instintiva. Trabalhando principalmente com tinta a óleo, ele também usou aquarela e lápis. Alegava nunca ter lido nenhum dos livros para os quais havia sido contratado para criar as capas. "Não li nenhum! Desenhei do meu jeito. Era bem irregular. E pegou. Não me importava com o que as pessoas pensavam. Quem comprou os livros, nunca reclamou. Talvez nem leram."

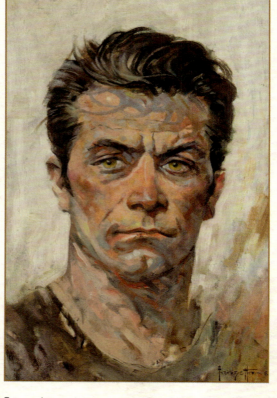

A arte de capa de Frazetta deu uma vida aos personagens que havia sido apenas insinuada em artes anteriores. Embora ele também desenhasse artes de capa para Ray Bradbury e para *Tarzan, o Filho das Selvas*, de Edgar Rice Burroughs, seria *Conan* que definiria seu legado e consolidaria sua reputação entre o público, a crítica e os colecionadores de arte. John Milius se arrependeria que o cinema de 1980 não conseguiria recriar o estilo único de Frazetta. "Não que eu pudesse recriar Frazetta no filme. Ele criou um mundo e uma atmosfera que são impossíveis de simular."

A influência de Frazetta para além do mundo dos quadrinhos foi significativa. George Lucas tem uma admiração imensa por seu trabalho. "Eu sou fã de arte de quadrinhos. E coleciono. Existem alguns ilustradores contemporâneos no ramo da ficção científica e da fantasia científica que gosto muito. Gosto deles porque seus designs e imaginação são muito vívidos. Ilustradores como Frazetta, Druillet e Moebius são bastante sofisticados em seus estilos." É de amplo conhecimento que a *Rainha Egípcia* de Frazetta foi a inspiração para o figurino de escrava da Princesa Leia na corte de Jabba o Hutt em *Retorno de Jedi* (1983).

Guillermo Del Toro, cineasta vencedor do Oscar, disse ao *The Los Angeles Times* em 2010 que Frazetta era "um artista olimpiano que definiu a arte da fantasia no século XX. Ele deu ao mundo um novo panteão de heróis. De algum modo, criou uma segunda camada de narrativa para cada livro que ilustrou."

Em 2009, a arte original de *Conan, O Conquistador* de Frazetta foi vendida por 1 milhão de dólares. Ele havia guardado todas as artes de capa originais de *Conan*, com exceção de *Conan da Aquilônia*, que havia sido roubada dos escritórios da editora Lancer Books quando entraram em recuperação judicial em 1973. No entanto, em 2019, um novo recorde foi estabelecido para sua arte, e desta vez não era do mundo de *Conan*. Sua pintura *Rainha Egípcia*, encomendada pela revista *Eerie* para ser a capa da edição 23 em 1969, foi vendida por 5,4 milhões em um leilão da Heritage Auctions em 16 de maio de 2019.

Frazetta foi indicado ao Hall da Fama dos Quadrinhos de Will Eisner em 1995, ao Hall da Fama da Sociedade dos Ilustradores em 1998 e ao Hall da Fama de Jack Kirby em 1999. Recebeu o prêmio pelo Conjunto da Obra da World Fantasy Convention em 2014, o Hall da Fama da Ficção Científica em 2016 e o Hall da Fama das Capas de Disco no mesmo ano.

ACIMA: Autorretrato de Frank Frazetta (1961). Artwork © 2023 Frazetta Girls, Inc.

NESTA PÁGINA: *Conan, O Conquistador* (1967).
Artwork © 2023 Frazetta Girls, Inc.

NESTA PÁGINA: *Conan Homem-Macaco* (1967). Artwork © 2023 Frazetta Girls, Inc.

NESTA PÁGINA: *Conan, O Destruidor* (1971). Artwork © 2023 Frazetta Girls, Inc.

NESTA PÁGINA: *Conan, O Vingador* ou *Sacrifício* (1967). Artwork © 2023 Frazetta Girls, Inc.

NESTA PÁGINA: *Conan, O Usurpador* (1967). Artwork © 2023 Frazetta Girls, Inc.

DESENVOLVIMENTO
DESIGNER DE PRODUÇÃO RON COBB

Quando não puderam chegar a um acordo com Frank Frazetta para que ele fizesse o design do filme, Ron Cobb, recém saído de *Alien* (1979), abraçou a tarefa. A direção que Cobb seguiu para os cenários foi "desfazer a história e inventar a sua história fantasiosa" mantendo um "visual realista, histórico". O que incluía a imagética greco-romana, bastante usada nos filmes de espadas e sandálias dos anos 1960, criando um amálgama das culturas da Idade das Trevas, como os mongóis e os vikings.

Cobb nasceu em Los Angeles, Califórnia, em 1937. Sua arte conceitual para o cinema consolidou sua reputação como um dos principais designers e artistas do meio. Era também um cartunista editorial, criando cartoons políticos para diversos jornais e revistas. Sua introdução à indústria do cinema aconteceu aos 18 anos e, sem experiência prévia, se tornou artista intermediário no The Walt Disney Studios. Esse trabalho envolvia criar as artes dos quadros de transição entre dois quadros-chave, que eram o início e o fim de uma sequência. Posteriormente, Cobb foi promovido a artista de detalhamento e trabalhou em *A Bela Adormecida* (1959).

Após alguns anos no exército, Cobb foi contratado para criar cartoons políticos para um dos primeiros jornais alternativos, *The Los Angeles Free Press*, em 1965. Cobb foi muito elogiado por seu trabalho, mas obteve pouca recompensa financeira. No entanto, sua arte de capa para o álbum de 1967 da banda Jefferson Airplane, *After Bathing at Baxter's*, se provou mais lucrativa.

Cobb não retornaria ao cinema até 1973, com o filme *Dark Starl*, de John Carpenter, fazendo o design para a nave principal do filme. Contudo, foi o seu trabalho na adaptação cinematográfica não realizada de Alejandro Jodorowsky, do livro *Duna*, de Frank Herbert,

ACIMA E À DIREITA: Participação de Ron Cobb no filme.

40 CONAN, O BÁRBARO – A HISTÓRIA OFICIAL DO FILME

NESTA PÁGINA:
Imagens raras de Ron Cobb revelam sua profunda compreensão de Conan e do mundo que habitava. Imagem principal e imagem abaixo à direita cortesia do Espólio de Ron Cobb; imagem acima à direita cortesia da Prop Store.

ACIMA: Artes conceituais para (da esquerda para a direita) Valéria e jovem Rexor.

ABAIXO: Artes conceituais para (da esquerda para a direita) guarda do Rei Osric, um guerreiro neandertal e um guerreiro picto.

42 CONAN, O BÁRBARO – A HISTÓRIA OFICIAL DO FILME

À ESQUERDA:
Uma edificação de Shadizar.

NO CENTRO:
Arte conceitual da cidade de Shadizar e da taverna principal.

ABAIXO:
A cidade de Shadizar.

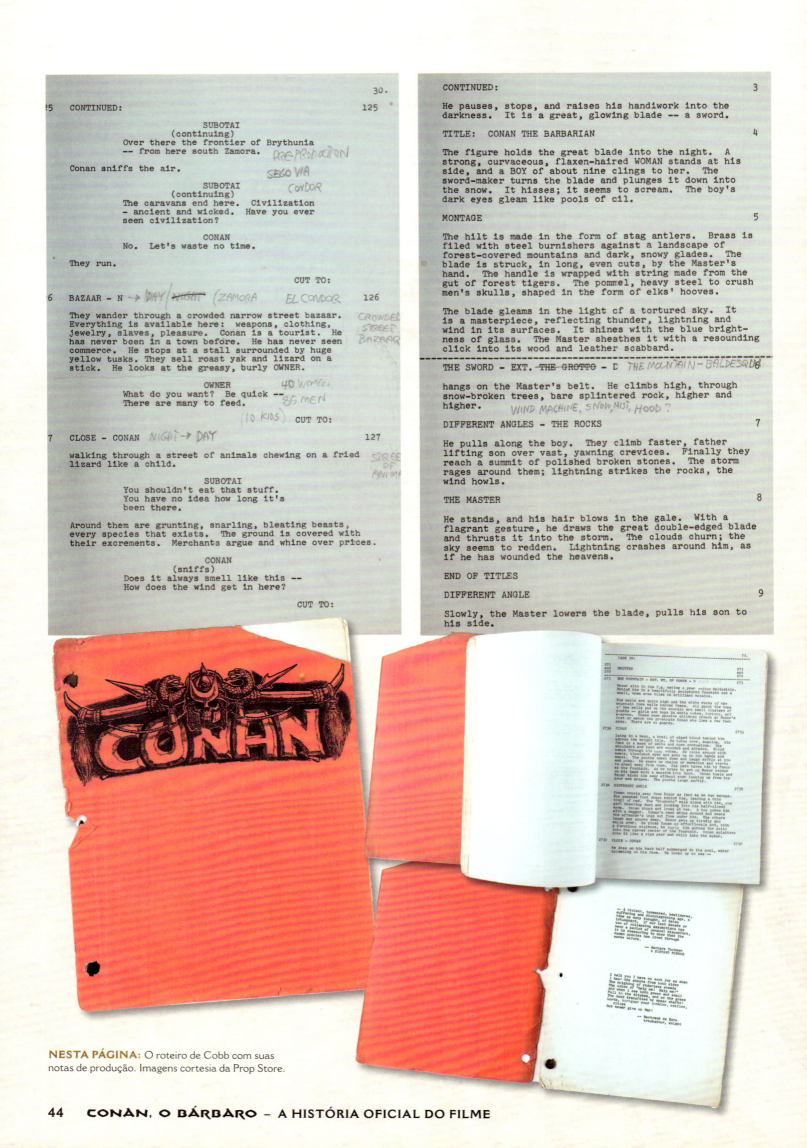

NESTA PÁGINA: O roteiro de Cobb com suas notas de produção. Imagens cortesia da Prop Store.

44 CONAN, O BÁRBARO – A HISTÓRIA OFICIAL DO FILME

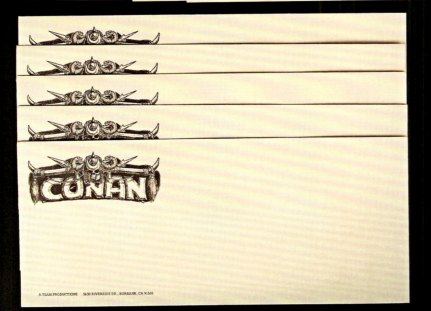

que chamou a atenção de George Lucas, que convidou Cobb para se juntar ao seu novo projeto de ficção científica, Star Wars (1977). Cobb trabalhou com os artistas Ralph McQuarrie e John Mollo para remodelar o futuro do cinema de ficção científica. Seu trabalho extraordinário em Star Wars incluiu muitos designs de alienígenas para a sequência da cantina. O trabalho de Cobb foi notado pelo diretor John Milius, que já era admirador do seu trabalho. "Desde quando Alien estava sendo finalizado, ele demonstrava interesse em que eu fizesse o design de um filme seu." Cobb admitia conhecer pouco a respeito de Conan antes da oferta de trabalho. Ele fez algumas pinturas iniciais baseadas no roteiro de Oliver Stone, que foram integradas à produção final do filme após ser contatado pelo produtor original Ed Pressman. Cobb pensava que De Laurentiis via essa adaptação para a telona como muito comercial e com uma audiência própria de fãs. Cobb percebeu que o roteiro de Stone não sobreviveria ao novo regime.

"Era evidente que, num passo de cada vez, John iria torná-lo quase que inteiramente seu. Tudo foi modificado de algum modo do roteiro original." O roteiro de Milius seria uma reescrita radical do roteiro de Stone que inicialmente havia atraído Cobb. "A primeira versão do roteiro estava muito mais na veia de fantasia dos romances de Robert E. Howard. Com a reescrita massiva de John, o filme

NESTA PÁGINA: Cobb estava tão imerso em todos os aspectos do design que até criou um papel timbrado e um logo para o escritório de produção e para a A-Team Productions de John Milius. Imagens cortesia de Prop Store.

ficou muito voltado para a ação e menos mágico, menos fantasia, mais como um filme de um mundo antigo." Milius adotou uma abordagem mais pragmática para o mundo de fantasia que estava criando. "Tudo possuía um reflexo de algo que existiu de verdade. Nada foi feito para ser apenas fantasia. Tem que parecer que funcionaria de verdade."

Para os fãs de *Conan*, a arte de Frazetta ainda moldava e definia o mundo de *Conan*, e sua sombra criativa pairava sobre a pré-produção para Cobb. De fato, a *Rainha Egípcia* de Frazetta foi recriada em tom e estilo nas cenas de orgia do filme. Cobb admirava o trabalho de Frazetta, mas sentia que uma mudança seria o melhor para o filme. "O filme precisava de um novo ponto de vista, porque Frazetta havia se tornado um clichê. Mas Milius via Frazetta como a imagem arquetípica de Conan, e ele tinha razão." No período de desenvolvimento supervisionado por Ed Pressman e Oliver Stone em 1977, Frazetta deveria ser o consultor visual do filme. Seu nome garantiria um elo com os fãs e daria status e credibilidade para a primeira aparição de Conan nas telas. Infelizmente, um acordo não foi possível e Frazetta deixou o projeto.

O papel de Cobb não se limitaria ao design dos cenários, mas incluiria todos os aspectos do mundo de Conan, desde arquitetura e figurinos, até capacetes e armas. Ele começou muito mais cedo do que era esperado e contribuiria para o roteiro original através de

NESTAS PÁGINAS: A arte de produção de Cobb para a sequência da "arena de combate" (acima), arte de produção para "os grilhões da arena de combate de Conan" (abaixo) e arte conceitual do pôster (ao lado). Todas as imagens cortesia da Prop Store.

NESTAS PÁGINAS: Artes conceituais adicionais produzidas por Cobb para *Conan*. Imagem de cima cortesia da Prop Store, imagens de baixo cortesia do Espólio de Ron Cobb.

NESTAS PÁGINAS: Artes de Cobb para a cena Conan Trazido Diante do Rei (acima), Guarda da Cripta (abaixo e à direita), esboço de arte conceitual de Shadizar (página ao lado, topo) e arte de O Enigma do Aço (à direita). Todas as imagens cortesia da Prop Store.

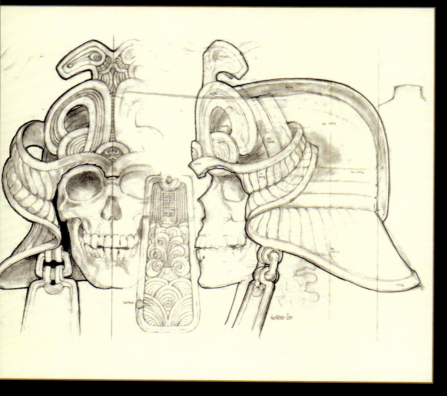

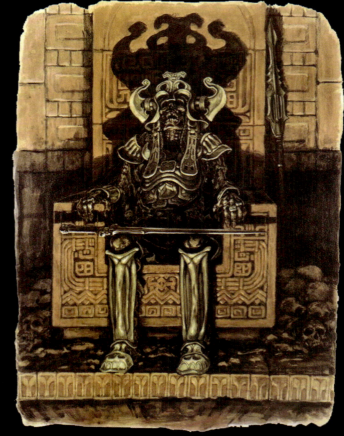

50 CONAN, O BÁRBARO – A HISTÓRIA OFICIAL DO FILME

seus desenhos. Milius não colocou limitações em Cobb, ele podia imaginar além dos limites do orçamento. O design mais crucial seria a espada de Conan. Cobb a criou antes mesmo de o roteiro estar fechado. "Desenhei a espada atlante e a espada original de Conan e supervisionei a criação delas e a sequência de abertura, a qual também criei." Cobb privilegiou símbolos naturalistas e imagens animalescas com os chifres curvados do crânio de alce "como a guarda da espada". Milius estava concentrado em um provérbio legível na espada, retirado da sua reescrita do roteiro: 'Não Sofrerás Culpa Aquele Que Empunhar Esta Espada Em Nome de Crom', mas Cobb sentiu que uma abordagem mais sútil se fazia necessária e elaborou um design que disfarçou a escrita em inglês.

A linguagem universal do design de *Conan* está nos símbolos. Cobb sabia que em mundos antigos, onde não havia alfabetização nos níveis mais baixos, seria incumbência do design elevar o símbolo até o status mítico dentro da paisagem do filme — o mundo da Era Hiboriana, a Religião de Set.

ABAIXO: O detalhamento refinado de Cobb nas espadas era impecável, apesar de não ser visto de perto pelo público dos cinemas.

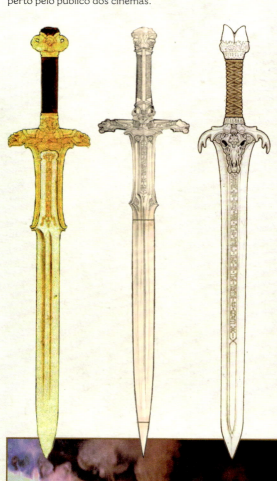

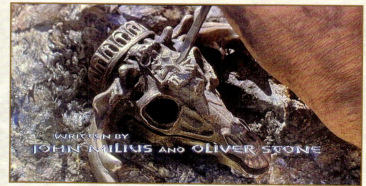

52 CONAN, O BÁRBARO – A HISTÓRIA OFICIAL DO FILME

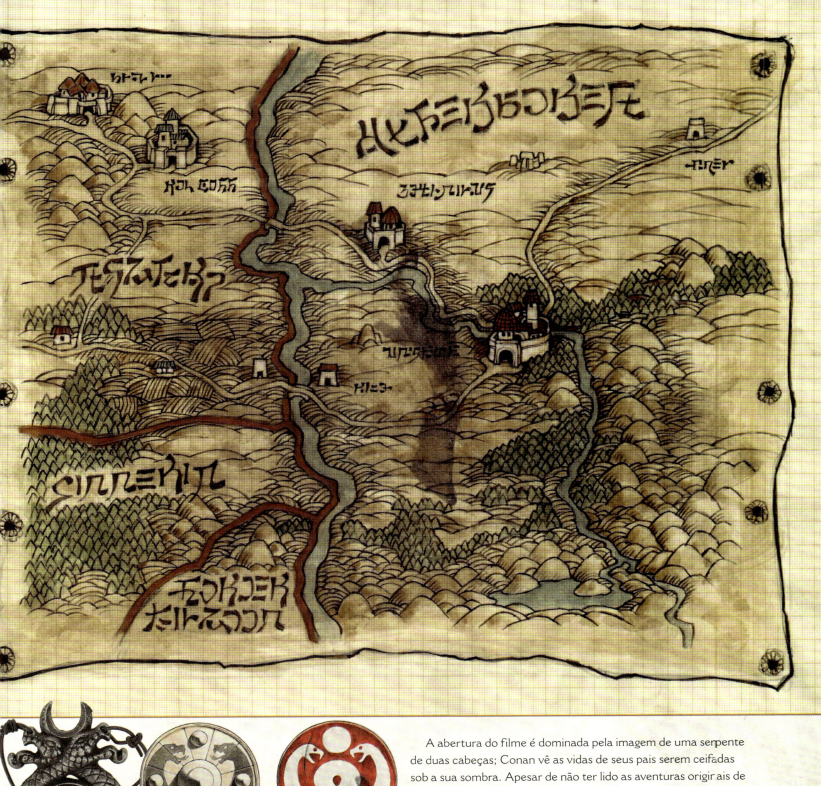

A abertura do filme é dominada pela imagem de uma serpente de duas cabeças; Conan vê as vidas de seus pais serem ceifadas sob a sua sombra. Apesar de não ter lido as aventuras originais de Conan escritas por Howard, a serpente de duas cabeças de Cobb contra uma lua e um sol pretos está, como o próprio Cobb descreve, "alinhado" com o material original. A influência de Frazetta sempre esteve presente durante as escolhas criativas para o filme. "Há uma certa desolação do norte europeu em alguns dos cenários e um clima árabe em algumas das cidades, como símbolos de civilizações decadentes, o que é muito Frazeteano."

A escala e a abrangência do trabalho do design de produção significavam que a responsabilidade pelo figurino precisava ser entregue a John Bloomfield, embora Cobb houvesse criado designs para os personagens principais. Bloomfield tinha muita experiência nesta área e, até 1982, já havia trabalhado em quase cem produções, incluindo luxuosos dramas de época para a BBC e a icônica série de TV de ficção científica *Doctor Who*. Mas Cobb recusou ser creditado no figurino, pois sentia que Bloomfield merecia todo o crédito.

Os planos para filmar na Iugoslávia foram engavetados quando se descobriu que as grandes quantidades de fibra de vidro e de outros

NO TOPO: Este mapa deveria fazer parte da abertura do filme, mas foi abandonado posteriormente. Imagem cortesia do Espólio de Ron Cobb.

ACIMA: Uma série de designs de serpentes guerreiras criados por Cobb.

DESENVOLVIMENTO 53

produtos químicos necessários para criar os cenários e as edificações não seriam de fácil acesso. Além disso, os cenários complexos que Cobb havia desenhado precisariam de materiais que pudessem simular mármore e as armas tinham que ser feitas de materiais leves. Então foi decidido mudar a produção para a Espanha, onde a importação de materiais e produtos químicos não seria tão problemática. John Milius estava familiarizado com as paisagens e a política local da Espanha depois de filmar lá o drama de época *O Vento e o Leão*, em 1975, estrelando Sean Connery.

Cobb admitia estar preocupado com a escala da empreitada. Ele seria responsável por criar cinquenta sets para o filme, do design à construção.

"Foi a parte mais assustadora, mas também a mais estimulante, de estar envolvido com *Conan*. John insistia que eu mergulhasse em cada design de absolutamente cada metro quadrado de cada set. Cada veio do mármore, cada ângulo de cada balaústre, então eu fui ao meu limite."

O papel de Cobb se tornou tão essencial para a produção que Milius permitiu que dirigisse algumas tomadas de segunda unidade dos cavalos cruzando as dunas arenosas e a sequência de abertura que envolvia a forja do que se tornaria a espada de Conan.

Cobb e sua equipe construíram a Roda da Dor, com o produtor Aldo Puchini criando o mecanismo giratório. As aparentemente pesadas pedras de moagem foram feitas com fibra de vidro leve, mas uma pesada estrutura de metal sustentava tudo. A Roda da Dor aparecia originalmente em mais cenas, incluindo uma onde as mulheres do vilarejo são vistas saindo debaixo dela carregando sacos de grãos que haviam sido moídos.

NESTA PÁGINA: Os planos de construção para a Montanha do Poder.
PÁGINA AO LADO: Cobb tirando fotos no vasto set em tamanho real.

54   CONAN, O BÁRBARO – A HISTÓRIA OFICIAL DO FILME

DESENVOLVIMENTO 55

NESTA PÁGINA: Cobb sentado e admirando seu trabalho em um dos maiores sets de filmagem já construídos em uma locação.

À ESQUERDA: Arte conceitual para o set da Montanha do Poder.

ACIMA: Artes conceituais de Cobb para figurinos alternativos de Thulsa Doom.

A Montanha do Poder, local do templo do Culto da Serpente, foi o maior cenário criado para a produção. Cobb prospectou a locação da montanha de Peñón de Bernal (Rochedo de Bernal), localizada nas encostas do sul da cordilheira Sierra de Gádor, perto de Vícar, em Almeria, na Espanha. O set era vasto, mais prático de construir na locação, em tamanho real, já que a estrutura inteira precisava suportar 1500 figurantes e equipe. A construção foi supervisionada por Aldo Puccini, que não trabalhou a partir de desenhos técnicos, mas de apenas alguns esboços.

O cenário do templo e da Câmara da Orgia eram peças centrais do design para a filmagem em estúdio. Originalmente, John Milius queria que o interior do templo tivesse a textura áspera da montanha. Cobb tinha uma perspectiva completamente diferente. "Eu estava pensando em mandalas e piso rebaixado, uma espécie de fosso circular. John sugeriu um pilar, e eu decidi que deveria ser um símbolo fálico." Para aumentar a elevada natureza sexual do design, Cobb criou o mármore em tons de carne, e incrementou a sala com chamas e fumaça.

Após *Conan*, as possibilidades para Cobb pareciam ilimitadas, ainda assim seu interesse permaneceu firme nos filmes de gênero. "É onde posso ser mais útil. Narrativas de ficção científica e fantasia contêm mais oportunidades para designs criativos do que outros tipos de filme. O que é muito interessante para mim. E eu adoro."

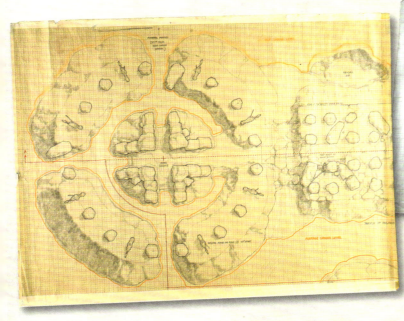
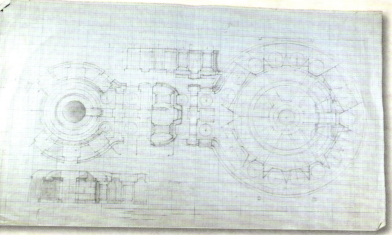

ACIMA, À ESQUERDA: Planta da Montanha do Poder.
À DIREITA: Planta do Templo da Montanha de Thulsa Doom.

DESENVOLVIMENTO

DESENVOLVIMENTO
A ARTE DE WILLIAM STOUT

O ilustrador e artista de fantasia americano William Stout é mais conhecido por sua arte paleontológica, com seu trabalho exibido em mais setenta exposições, e foi visto como a pessoa perfeita para ajudar a trazer um estilo mais medieval para o mundo de *Conan*. Stout foi inicialmente contratado para criar os storyboards do filme e se encontrou com Milius para mostrar seus portfólios. "Eu assisti enquanto ele [Milius] analisava. Ele se lembrava da história de Harlan Ellison que eu havia ilustrado para a revista *Heavy Metal, Shatered Like a Glass Goblin*. Havia gostado muito da história. Eu também tinha comigo as obras do meu portfólio *Dragon Slayers*, que ele também gostou muito. John devolveu minhas obras, e começou a sair da sala. John é um cara muito dramático, muito carismático. Enquanto estava de saída, vociferou por cima do ombro, 'Contratem ele!' — como se estivesse em um faroeste!"

Stout era fã de *Conan* e aceitou o trabalho apesar da redução significativa de pagamento comparado ao que estava habituado na sua carreira no mundo da propaganda. Ele achava que iria ser um projeto curto. "Pensei que poderia ser divertido por algumas semanas. Bem, as duas semanas se tonaram dois anos. Comecei fazendo no estilo tradicional de storyboard. Fiz algumas páginas e John [Milius] olhou para elas e disse, 'Não, não, não, eu adoro o seu material nos quadrinhos. Faça como se fosse uma história em quadrinhos'" Stout não tinha nenhum direcionamento do diretor. Milius disse a Stout. "Eu sei como vou filmar cada tomada deste filme. Se você aparecer com algo melhor, eu vou usar. E vou levar o crédito."

Enquanto Ron Cobb estava totalmente ocupado em desenhar figurinos e os símbolos da serpente, Stout estava achando o detalhamento do storyboards uma tarefa árdua. "Os storyboards que eu estava fazendo estavam levando uma eternidade porque estava criando tudo do zero, concebendo todas as armaduras dos cavalos, todas as armaduras dos invasores, todo o vilarejo e os figurinos cimérios."

Cobb gostou do trabalho detalhado de Stout nos storyboards, mas achava que suas habilidades seriam melhor utilizadas no design principal do filme. Então Stout se ofereceu para Cobb para um papel expandido. "Convenci Ron [Cobb] a me deixar fazer o design para as coisas que não tinha tempo. E comecei a fazer umas miniproduções."

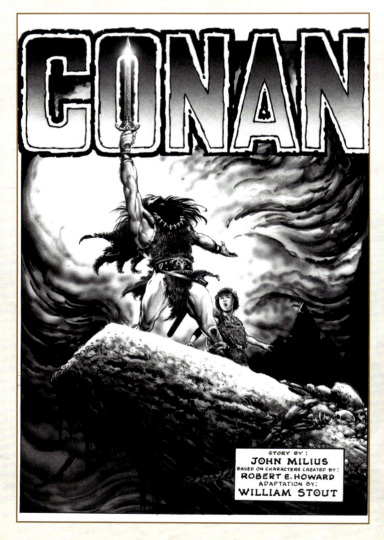

NESTA PÁGINA: Ron Cobb (sentado) com William Stout.

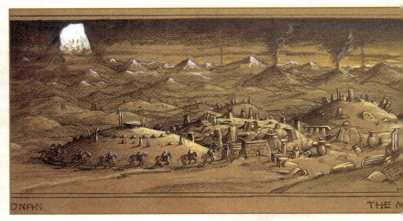

Cobb e Stout trabalharam muito para concretizar o visual de *Conan*. "A ideia principal de Ron para a visualização de *Conan* era brilhante. A arquitetura, móveis, e objetos de diferentes culturas antigas. Estudamos como o design das coisas evoluiu. Então fizemos uma 'reversão'. Fizemos o design voltar no tempo." Cobb criou um visual a partir da história, mas que também não era facilmente reconhecível. "Adorei a ideia de inventar um estilo arquitetônico que não pudesse ser identificado. Conceber o Culto da Serpente para que parecesse que tudo fizesse parte de uma coisa só, como o logotipo de uma empresa." Cobb sabia que um simbolismo coerente na tela ajudaria o público a identificar e a temer o Culto da Serpente sempre que a imagem aparecesse.

Os storyboards de Stout eram ricamente detalhados, e ajudariam a criar o clima e o tom do filme. Seus primeiros desenhos estavam no formato padrão de storyboard com retângulos alinhados em sequência em uma página. "John Milius me disse que queria storyboards no estilo dos quadrinhos, então comecei a contar as histórias de Conan feitas por John como se fossem mesmo uma HQ."

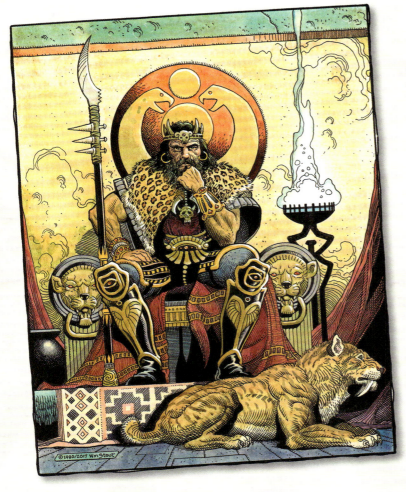

Algumas das cenas no roteiro jamais teriam passado pela censura dos filmes no início dos anos 1980. Na cena de abertura onde Thulsa Doom destrói o vilarejo cimério, Stout admitiu que estava exagerada. Um dos homens de Doom passa galopando pelo vilarejo, arrancando um bebê dos braços de sua mãe e arrebentando sua cabeça contra um poste.

"As histórias de Conan de Robert E. Howard eram descritas como 'uma pornografia da violência', mas eu sentia que essa parte tinha passado do limite. 'John, você não vai filmar isso aqui, né?' 'Claro que não', respondeu Milius. 'Mas se eu a incluir no roteiro, Dino [De Laurentiis] vai ficar horrorizado. Ele vai exigir que ela seja eliminada'. John imitava o sotaque italiano de Dino: 'Non mate o bebê!' Com relutância eu a removo do roteiro. Dino vai ficar feliz e sentir que fez uma contribuição real para o filme. Havendo recebido essa satisfação, vai me deixar em paz para o que realmente quero incluir no filme.'"

Stout se lembra da sequência de Shadizar, que envolvia Ron Cobb construir a cidade em escala real na locação. A alternativa era preparar as edificações existentes na locação. "Os produtores queriam Shadizar (ou a maior parte dela) de fora. Não compartilhavam da visão de John Milius, de Ron Cobb ou da minha. Mais tarde aprendi com a experiência em muitos outros filmes que cortar algo como Shadizar era típico. Cerca de um terço dos sets (ou mais) são cortados em quase todos os filmes." Na mitologia de *Conan*, Shadizar é às vezes referida como "Shadizar, a Perversa" ou "Cidade da Maldade". É a capital de Zamora fazendo fronteira ao leste com Turan.

Não houve outras sequências de grande impacto que foram cortadas do filme. No entanto, Stout se lembra de um corte no roteiro não realizado de Oliver Stone. "Lembro de uma cena do roteiro de Stone na qual havia 20 mil demônios. Cada um vestindo um traje altamente detalhado feito por ninguém menos que Rick Baker. Uma cena impossível de se filmar na época."

NESTA PÁGINA: Arte conceitual de Stout para um filme de "Rei Conan" (à esquerda), arte do cartaz de Conan (abaixo à esquerda) e ilustração de Valéria (abaixo). Todas as imagens são cortesia de William Stout.

PÁGINA AO LADO: Alguns storyboards de William Stout. Um tem a etiqueta "Conan II", já que Milius planejava uma trilogia, mas nenhuma destas artes foi levada em consideração quando a sequência foi para as mãos de um novo diretor.

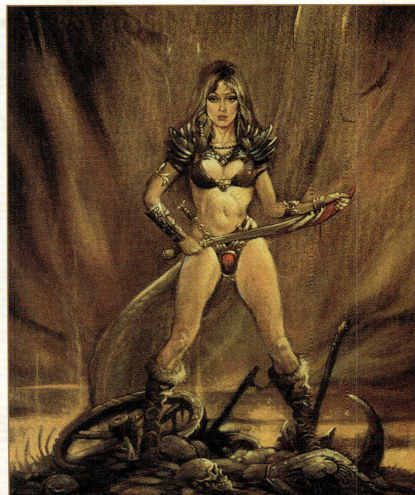

NESTA PÁGINA: O diretor John Milius. Ele tratava a filmagem de *Conan* como se fosse uma campanha militar.

DESENVOLVIMENTO
O DIRETOR JOHN MILIUS

Jonh Milius era conhecido pelos eletrizantes e violentos filmes urbanos *Perseguidor Implacável* (1971) e *Magnum 44* (1973). Ele foi contratado para dirigir seu próximo filme para Dino De Laurentiis, para quem levou o projeto de *Conan* após Oliver Stone e Ed Pressman não conseguirem um estúdio que concordasse com o orçamento. Posteriormente, De Laurentiis convenceu a Universal Studios a financiá-lo com um orçamento de 17,5 milhões de dólares.

Milius nasceu em St. Louis, Missouri, nos Estados Unidos, em 1944. Sua família se mudou para a Califórnia quando tinha 7 anos de idade, momento em que ele se tornou um surfista dedicado. No entanto, a ida para uma escola particular moldou sua perspectiva por muitos anos. Foi enviado para a Escola Lowell Whiteman "porque eu era um delinquente juvenil". Aprendeu a amar as montanhas, as armas, a caça e a "viver da terra". Também desenvolveu uma paixão por ler e escrever contos na escola. "Eu aprendi a escrever em quase qualquer estilo muito cedo. Emulava fluentemente o estilo de Hemingway, ou o de Melville, ou Conrad ou Jack Kerouac, ou quem quer que fosse."

O amor de Milius por *Conan* pode ser remontado até sua admiração pela história de Gengis Khan (em 2010 ele tentou produzir uma minissérie sobre o guerreiro histórico para a televisão).

Milius descrevia Khan como "o filho de um matador cujo pai é assassinado e que parte para conquistar o mundo conhecido e se tornar o maior gênio militar e civil na história". Há ecos dessa descrição na icônica fala do roteiro de Milius para *Conan, o Bárbaro*: "Esmagar seus inimigos, vê-los caídos e ouvir o lamento das suas mulheres."

Além das figuras históricas de guerra e conflito, Milius chamava sua paixão pelo surfe de sua "religião": "Eu adoro coisas vikings. E sempre quis fazer um filme de vikings. E quando era surfista, era chamado de 'Viking Man' [Homem Viking], porque tinha essa espada enorme." Milius acredita que seus estudos sobre a vida e a cultura japonesa, através do kendô, judô e pintura, deram a ele uma perspectiva única de escritor, afirmando que sente mais afinidade com a cultura japonesa do que com a ocidental. A vida zen japonesa conflitava com o que ele via nas motivações ocidentais de dinheiro e ambição. A asma severa de Milius frustrou suas tentativas de entrar para os fuzileiros navais dos Estados Unidos — acredita que a rejeição do exército, que ele levou para o lado pessoal, desempenhou um grande papel em sua futura obsessão com guerras e conflitos em seus filmes.

À DIREITA: A relação próxima entre Schwarzenegger e Milius foi essencial em uma filmagem tão desafiadora.

Foi uma ida ao cinema em 1962, quando uma temporada de Akira Kurosawa estava em cartaz, que solidificou o amor de Milius pelo cinema e a direção que seguiria. Ele se matriculou na Escola de Cinema e Televisão da Universidade do Sul da Califórnia, com colegas como Basil Poledouris, Randal Kleisner e George Lucas.

Milius dizia que sua escrita foi moldada por *Moby Dick*, de Herman Melville e *Pé na Estrada*, de Jack Kerouac. "Acho que *Moby Dick* é a melhor obra de arte já feita. Minha obra de arte favorita. Eu costumava destacar a entrada dramática dos personagens, como eles eram inseridos na trama. *Moby Dick* era um roteiro perfeito, um exemplo perfeito do tipo de drama que me interessava. Outra grande influência para mim foi Kerouac e um romance como *Pé na Estrada*, que não tinha uma narrativa rígida, linear, mas se expande, acompanhando esse personagem. *Moby Dick* e *Pé na Estrada* são tipos completamente distintos de romance, ainda assim ambos são extremamente disciplinados. Nada acontece por acidente em nenhum dos dois livros."

Na metade dos anos 1970, Milius era um dos roteiristas mais rentáveis trabalhando em Hollywood, com seus roteiros para *Mais Forte que a Vingança* (1972) e *Roy Bean – O Homem da Lei* (1972). Mas Milius estava descontente com seu trabalho nas telas, e decidiu que queria dirigir seus roteiros. Sua estreia na direção seria *Dillinger* (1973), retratando a história real do notório ladrão de bancos John Dillinger. O filme foi um sucesso modesto de crítica e público. Também seria a estreia na produção do futuro produtor de *Conan*, Buzz Feitshans. A seguir veio *O Vento e o Leão* (1975), um grande sucesso de crítica e público. No entanto essa conquista foi ofuscada quando *Tubarão*, de Steven Spielberg, estreou com recordes de bilheteria algumas semanas depois do filme de Milius (Milius na

ACIMA: Milius posando entre as tomadas com seu elenco, equipe e dublês.

ACIMA: Milius sendo maquiado para sua ponta no filme.

ACIMA, À DIREITA: Milius com Valerie Quennessen, que interpretou a filha do Rei Osric.

verdade havia contribuído para *Tubarão*, com o hoje lendário monólogo de "Indianápolis" do personagem de Robert Shaw, Quint).

O ano de 1978 veria o lançamento de seu filme mais pessoal e sofisticado até então, *Amargo Reencontro*, uma história semiautobiográfica sobre as vidas de jovens surfistas sob a sombra da Guerra do Vietnã. Fracasso de crítica e público, Milius relatou ao *Boston Globe* em 1981 que a experiência foi "um tipo de ponto torpor na minha vida. Foi um filme muito pessoal, e me dilacerou quando foi atacado de tal maneira que ninguém quis assistir." Em 1979, Milius receberia sua primeira e única indicação ao Oscar por seu roteiro para o épico da guerra do Vietnã *Apocalipse Now*, dirigido por Francis Ford Coppola e baseado em parte no conto de Joseph Conrad *Coração das Trevas*. Milius compartilhou sua indicação com Coppola. Levou mais quatro anos até que se encontrasse na cadeira de diretor de *Conan*, que se tornou seu maior sucesso comercial.

Milius admirava a abrangência e a escala do roteiro de *Conan* de Oliver Stone. "Era muito inspirador, provavelmente porque era muito insano. Eu queria trazê-lo para um certo embasamento histórico. E tentei fazer tudo acontecer na história como se realmente houvesse acontecido." Milius viu seu papel em *Conan* tanto como historiador quanto dramaturgo. "Sou um historiador, e aprecio coisas de natureza histórica. E sempre tive um grande interesse em culturas e épocas pagãs. E isso me permitiu fazer um filme pagão." Milius via *Conan* como uma extensão do cinema pelo qual era apaixonado e moldou os personagens para se encaixarem em sua ideia de drama — o braço direito de Conan, Subota, interpretado pelo amigo surfista Gerry Lopez, foi baseado em Gengis Khan.

O produtor Dino De Laurentiis era totalmente contrário a colocar Arnold Schwarzenegger no papel principal de Conan.

DESENVOLVIMENTO 65

ACIMA: Schwarzenegger e Milius comparam ferimentos de guerra nos degraus do set da Montanha do Poder.

Milius e Feitshans precisavam fazer De Laurentiis entender sua paixão em escalar o austríaco e tiveram uma reunião inflamada em seu escritório. Feitshans relata: "Nós entramos no escritório de Dino. Ele tinha essa mesa gigantesca. Nos sentamos em umas cadeiras baixas, então tínhamos que olhar para cima para ver Dino. Começamos a falar sobre Arnold e ele disse 'Eu não vou fazer este filme com Arnold Schwarzenegger.' Não havia negociação com ele. Nós dissemos, 'Por que não dá uma chance a ele?' Ele gritou, 'Não! Não vou fazer este filme com Arnold Schwarzenegger!' Então pulou em cima da mesa, andou até nós, apontou o dedo para baixo e disse, 'Sem Arnold Schwarzenegger neste filme'. John disse, 'Oh, tudo bem! Entendi! Vou lhe dizer o que vou fazer. Tenho um substituto perfeito.' Dino falou, 'Certo'. Ele voltou e se sentou. 'Quem é?' 'Este cara é perfeito, Dino. É um astro. É lucrativo. Podemos fazer o filme amanhã com ele.' 'Perfeito', falou Dino. 'E quem é?' 'Dustin Hoffman!', disse John. Ele olhou para nós por um momento. 'Porra, você vai fazer o filme com Arnold Schwarzenegger!' Essa foi a nossa primeira reunião."

Apesar da existência de uma fartura de histórias das aventuras de Robert E. Howard, Milius queria entalhar seu caminho com menos mágica e cenários sobrenaturais. "Era, em espírito, muito próximo a Robert E. Howard. Definitivamente seguia o espírito de Robert E. Howard." Era a técnica de escrita incomum de Howard que Milius também canalizava. "Howard está sozinho uma noite, e sente uma sombra o dominar por trás. Ele sabe que Conan está em pé, atrás dele, com um grande machado. E Conan diz para ele, 'Apenas fique aí e escreva. E se não fizer exatamente o que eu disser, vou parti-lo ao meio.'" Howard escrevia nesses surtos de criatividade, frequentemente durante a noite. Milius conseguia se identificar com isso também. "Escreveu quase todas estas histórias neste período muito curto de tempo porque Conan estava em cima dele com um machado. E sempre me senti assim." Apesar da dimensão e do espetáculo do filme, Milius tinha uma conexão íntima com sua abordagem. "Todos os filmes que fiz foram pessoais. John Ford nunca fez nada além de filmes pessoais. Kurosawa não fez nada além de filmes pessoais. E ambos fizeram grandes filmes de aventura, então é bem possível fazer um grande filme pessoal de aventura."

Tornar as situações e os personagens identificáveis com o público no início dos anos 1980 era um desafio que Milius teria que superar para que houvesse qualquer chance de o filme empatar os custos nas bilheterias. "Emoções básicas são sempre acessíveis para o público. Tento manter [Conan] o mais bárbaro possível porque é verdadeiro

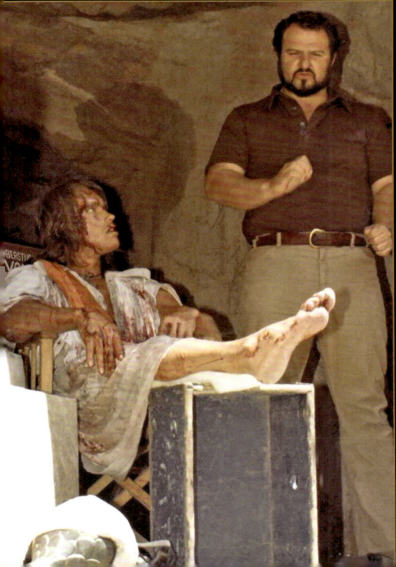

para a época. Se estivesse fazendo um filme sobre um personagem no Velho Oeste, ele seria verdadeiro para a sua época de 150 anos atrás, e com certeza seria muito diferente da nossa época, mas seríamos capazes de nos identificar com ele".

Como escritor, Milius sempre traz parte de si mesmo para os personagens, motivações e etos. "Conan é um bárbaro e a maior parte de seus conflitos é com males que são provocados pela civilização. Ele era um herói admirável, como Aquiles. Ele fecha a cara e foge e é forçado a fazer coisas. E tem grandes rompantes de fúria e de melancolia. É um personagem que se apoia no animalesco, e sempre acreditei que os instintos animais nas pessoas são a melhor parte delas e que os instintos civilizatórios são, com frequência, sua pior parte."

A relação entre produtor e diretor pode ser tensa, com um tendo um olho apenas para decisões criativas e o outro manobrando o navio financeiro. Para Dino De Laurentiis e John Milius, suas personalidades combativas semelhantes os levavam frequentemente ao conflito. "Aquilo era dureza. Ele brigava comigo por tudo. Nunca entendeu o filme. Dino adorava negociar mais do que gostava de filmar. Uma coisa que posso dizer a respeito de Dino é que o que quer que fizesse [e] apesar de sua interferência, era um produtor soberbo. Sempre tive o que precisava, até mais do que isso."

NESTAS PÁGINAS: Milius era um diretor físico e confiante que trabalhava de perto com o elenco para coreografar cada cena.

Milius podia ver que De Laurentiis era motivado por projetos de grande escala. "Uma pessoa que é movida, como dizia Teddy Roosevelt, por 'grande entusiasmo'. Porém, Dino era muito durão. A diferença entre ser durão hoje e na época é que [produtores hoje] são todos pequenos e assustadiços. Mas Dino era grande. Ele confrontava você. Tinha total confiança em si mesmo. Tinha um instinto assassino."

Em sua defesa, Dino De Laurentiis alegava não ser político com cineastas, preferindo uma abordagem direta. "A maneira que trabalho, sou muito direto. Não sou Maquiavel. Digo claramente para o diretor como o filme deveria ser feito. Se discordarmos, adeus, faço com outra pessoa. Se concordarmos, fazemos o filme juntos." Os dois se enfrentariam em discussões dentro e fora do set, relembra Milius. "Ele dizia, 'Você tem que fazer isto! Tem que fazer aquilo!' e eu não dava ouvidos. Eu fazia o que queria e na maioria das vezes me livrava, mas ele sempre tentava me pegar, sempre tentava me encontrar fazendo algo errado para poder ter algo com o que me ameaçar. Então dizia para todo mundo que ia ameaçar me demitir. Ele era implacável."

Mesmo quando ambos cumpriam seus objetivos, havia uma tensão a respeito de quem detinha o sucesso. Milius queria mais reconhecimento por seu papel em fazer do filme um empreendimento lucrativo para De Laurentiis. "[Dino] dizia 'Se você fizer deste filme um sucesso, darei a você uma espada de ouro. Bulgari fará moedas de ouro para você.' Assim que o filme fez sucesso, perguntei 'Onde está minha espada de ouro?' E ele respondeu 'Aqui está sua espada de ouro!' [faz o gesto de "banana" com os braços] Esse é o Dino."

As relações entre Dino De Laurentiis e seus diretores frequentemente atingiam o ponto de ruptura, com De Laurentiis geralmente demitindo o diretor. Foi assim em *Flash Gordon*, primeiro com Nicolas Roeg e depois com Mike Hodges, que recontratou imediatamente para terminar o filme. Foi o que quase aconteceu com Milius também. "Dino ameaçava demitir a mim e a todo mundo várias vezes. Ele não gostava de mim porque eu me opunha a ele. Acho que todos os meus problemas, no fim, construíram meu caráter. O que não o mata, o torna mais forte. É disso que o filme fala. Conan teve que passar um tempo na Roda da Dor, e eu tive que passar um tempo com Dino."

DESENVOLVIMENTO

ELENCO

ELENCO
ARNOLD SCHWARZENEGGER COMO CONAN

Quando Ed Pressman, produtor original de *Conan*, viu o documentário *O Homem dos Músculos de Ferro* (1971), soube que havia encontrado seu astro para a estreia cinematográfica de *Conan*. Mas em vez de entregar um roteiro a Schwarzenegger, Pressman deu a ele uma pilha de histórias em quadrinhos de *Conan*. Schwarzenegger nunca ouvira falar do personagem, mas percebeu que o interesse estava em alta entre os jovens, o que significava um público já existente, se o filme fosse feito. Pressman disse a ele que seria uma série significativa de filmes. Schwarzenegger esperava que pudesse ser uma série longeva. "O que Ed vislumbrava não era apenas um filme, mas toda uma franquia de *Conan*, igual *Tarzan* ou *James Bond*, com novos capítulos de tempos em tempos."

Para garantir Schwarzenegger, Pressman pediu que o ator assinasse um acordo proibindo-o de interpretar quaisquer papéis de figuras históricas fortes. "Eu não poderia aceitar outros papéis viris, como Hércules, e teria que estar disponível para continuações." O acordo foi um negócio de cinco dígitos sob o nome de *Conan the Warrior*. Era um valor elevado para um ator estreante sem nenhuma experiência em atuação significativa — pelo contrato, seriam pagos 250 mil dólares pelo primeiro filme, 1 milhão pela continuação e 2 milhões pelo seguinte para o austríaco de 30 anos, bem como participação nos lucros de 5%. Schwarzenegger poderia receber 10 milhões de dólares por 5 filmes em 10 anos se a série tivesse continuação. Era mais do que Schwarzenegger esperava, e, assim que a notícia do acordo saiu nos jornais da época, ele começou a ser notado. "Eu andava pela Rodeo Drive e os lojistas saíam na calçada para me chamar para as lojas deles."

A versão de Oliver Stone de *Conan* seria uma fantasia épica de 4 horas de duração. Em uma guinada das histórias originais de Robert E. Howard, situadas no passado medieval, o *Conan* de Stone se situaria em um futuro no qual a civilização desmoronara. Schwarzenegger ficou impressionado com as imagens evocadas pelo roteiro, que se assemelhavam mais aos filmes clássicos de Ray Harryhausen, como *Jasão e os Argonautas* (1963). "A Árvore da Aflição, uma enorme planta predatória que captura os camaradas de Conan e os aprisiona no submundo. O inferno da árvore. Seu roteiro também pedia por um cão de várias cabeças, uma harpia, pequenas criaturas semelhantes a morcegos e muitas outras coisas caríssimas."

Stone e Pressman não conseguiram obter o financiamento inteiro para o filme, que tinha um orçamento estimado perto dos 100 milhões de dólares. Schwarzenegger disse que adotou uma

"abordagem zen" para aqueles longos dias de espera, e se manteve ocupado com pequenos papéis, seu negócio de fisiculturismo e empreendimentos imobiliários. Com um investimento relativamente pequeno de 100 mil dólares, Schwarzenegger comprava um prédio que valia 1 milhão e vendia por 1,2 milhão 1 ano depois. Até 1981, conseguira seu primeiro milhão, não por meio da atuação, mas por negócios imobiliários.

O diretor John Milius havia promovido Arnold Schwarzenegger durante sua difícil transição da versão do Conan de Oliver Stone e Ed Pressman para a de Dino De Laurentiis. "Ele era um astro de cinema. Era um personagem. Quando estava tentando convencer Dino a usá-lo, eu disse que se não tivéssemos Arnold, nós teríamos que construí-lo. É como aquela fala em Lawrence da Arábia: 'Aqba está lá. Nós só precisamos ir.'" No entanto, não foi uma viagem fácil, e Schwarzenegger bateu de frente com De Laurentiis desde o primeiro dia. De Laurentiis declarou que, apesar de Schwarzenegger estar sob contrato, ele queria outro no papel de Conan. Buzz Feitshans revela o quão tensas as conversas se tornaram. "'Não gosto do Schwarzenegger', De Laurentiis falou para Milius. 'Ele é nazista'". Schwarzenegger ficou inabalado pela rejeição. "Por sorte, John já havia decidido que eu era a escalação perfeita. 'Não, Dino', ele disse. 'Só tem um nazista nesta equipe. E sou eu. Eu sou o nazista!' Claro que Milius não era nazista — só queria chocar Dino e adorava dizer coisas ultrajantes. Até o fim da produção, ele ia em lojas de antiguidades e comprava essas estatuazinhas de chumbo de Hitler, Mussolini, Stalin e Francisco Franco e as colocava na mesa de Dino."

A experiência de Dino De Laurentiis com Flash Gordon e a sua batalha legal, na época, com Sam Jones, astro de Flash Gordon, significava que a primeira reunião com Arnold Schwarzenegger fora tensa. Por fim, no entanto, De Laurentiis removeu os 5% anteriormente acordados em seu contrato com Stone e Pressman como uma concessão para a escalação de Schwarzenegger. Todos pensavam que Schwarzenegger iria brigar por cada porcentagem, mas ele enxergou que, a longo prazo, estar no filme seria mais proveitoso e que receberia mais do que os 5% em projetos futuros se desse tudo certo. E se não desse, se o filme fracassasse nas bilheterias, nenhuma participação nos lucros seria repassada de qualquer modo.

Schwarzenegger achava que o diretor Milius era uma autoridade em Segunda Guerra, e que tinha um conhecimento enciclopédico das técnicas de luta dos egípcios, gregos, romanos e vikings. Seu escritório era adornado com armas, espadas e facas. Schwarzenegger detalhou: "John gostava de se denominar um fascista zen, e se gabava de estar tão à direita que nem era mais um Republicano. Algumas pessoas na cidade achavam que ele era doente. Mas era um escritor tão fantástico que até os liberais pediam a sua ajuda em seus roteiros, como Warren Beatty em Reds (1981)".

Milius passou um dever de casa para Schwarzenegger, fazendo-o assistir ao clássico japonês Os Sete Samurais (1954). E ainda com observações do diretor. "Você tem que observar Toshiro Mifune. Percebe o modo que limpa a boca, que fala, que agarra as mulheres? Tudo tem estilo. Tudo é um pouco marcante e feito com malícia.

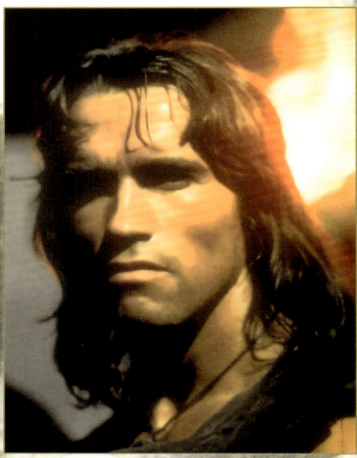

É desse jeito que Conan é!" Foi a coreografia das lutas de espadas de kenjutsu de *Os Sete Samurais* que mais inspiraram Schwarzenegger, mas o trabalho com espadas foi apenas parte do intenso regime de treinamento para o filme. Teve especialistas para ensiná-lo artes marciais, luta com armas e equitação para as cenas de ação. Schwarzenegger treinaria 2 horas por dia durante 3 meses para dominar a grande espada de dois gumes que pesava 5 quilos. Ele sabia que havia muito em jogo no filme e nele como artista. "Algumas das maiores figuras de Hollywood agora apostavam na minha carreira Dino me deu a oportunidade para provar meu talento nos filmes."

Três meses antes do início das filmagens, Milius pediu que Arnold mudasse seu físico. O diretor exigiu um corpo mais pesado que seria menos o de um fisiculturista e mais o de "alguém que foi um lutador de arena, guerreiro e escravo acorrentado à Roda da Dor durante anos." Schwarzenegger continuou a trabalhar pesado em seu corpo. "Para as competições de fisiculturismo, eu costumava treinar 4 horas por dia. Para este filme, estou treinando com pesos 1 hora por dia, corro meia hora por dia, e praticamos com a espada quase todos os dias. São 3 horas de treino físico, mas apenas 1 hora de treino com pesos agora."

Em uma entrevista durante as filmagens, Schwarzenegger já tinha um objetivo claro que queria alcançar. "Meu objetivo é ser tão bom quanto Clint Eastwood [ou] Robert Redford. É como estabelecer o objetivo de ser o Mr. Universo, mas você precisa da ajuda de outras pessoas. Neste filme, conto com uma ajuda tremenda de John Milius, que me deu a chance de estar nele. Acho que ele vai me fazer subir um degrau, e agora estou — de um a dez — no oito. Então são apenas mais dois degraus."

ELENCO
JAMES EARL JONES COMO THULSA DOOM

O personagem Thulsa Doom fez sua primeira aparição na história de Kull, escrita por Robert E. Howard, *O Gato e a Caveira*. Doom era um necromante que usava seus poderes para erguer os mortos. Originalmente, Doom tinha o rosto de caveira, com chamas no lugar dos olhos. Na história, ele era aliado dos homens-serpente e seguidor da Grande Serpente. Acredita-se que a versão cinematográfica de Thulsa Doom é um amálgama de dois personagens de Howard: seu nome vem da história de Kull, mas sua personificação na tela é mais próxima de Thoth-Amon, um feiticeiro stygio em *A Fênix na Espada*, uma história de *Conan* de 1932.

Muitos atores foram considerados para o papel, incluindo o primeiro ator a interpretar James Bond, Sean Connery, e o astro de *Drácula*, Christopher Lee. Lee trabalhou na comédia da Segunda Guerra Mundial de Spielberg *1941: Uma Guerra Muito Louca* (1979), que foi coproduzido e coescrito por John Milius. Por fim, James Earl Jones foi escalado. Jones fez sua estreia nas telas em *Dr. Fantástico* (1964) de Stanley Kubrick, mas foi fazendo a voz de Darth Vader em *Star Wars* (1977) e em suas continuações que asseguraram seu status de lenda entre as plateias mundo afora. Quando Jones filmou *Conan* em outubro de 1980, já havia finalizado a continuação de *Star Wars*, *O Império Contra-Ataca*, e tinha uma boa ideia do porquê havia sido escalado. "O papel de vilão que interpreto é um Darth Vader pré-histórico. E ele é o malvado. É um feiticeiro. É quem causa muito do mal que Conan tem que combater no filme."

Com a presença de Jones, junto com Max von Sydow no papel de Rei Osric, o diretor Milius esperava que suas escolhas de elenco influenciassem e inspirassem o elenco mais jovem e menos experiente. No set, Jones fez um acordo com a estrela em ascensão Arnold Schwarzenegger: Jones receberia orientações em sessões de exercício físico para ficar em forma como Schwarzenegger, e em troca, ele daria ao protagonista de *Conan* orientações em sua interpretação e maneiras alternativas de interpretar e passar o roteiro.

78   CONAN, O BÁRBARO – A HISTÓRIA OFICIAL DO FILME

Sendo um ator de palco, Jones queria o desafio de algo novo. "Fui treinado para o teatro: lá sinto que sei o que estou fazendo, tenho um senso melhor da minha responsabilidade. Mas adoro fazer filmes, adoro fazer televisão. Acho que a televisão é muito importante para o mundo todo. Então não vou dizer que prefiro um ou outro, [embora] talvez me sinta mais confortável no palco."

Milius queria uma aparência quase alienígena para Jones. "Nós precisávamos fazê-lo parecer como uma raça que havia desaparecido. Nós temos esse ótimo rosto de James Earl Jones, então colocamos olhos azuis penetrantes e cabelo liso para que realmente parecesse que fazia parte de uma migração de uma raça que desaparecera. Alguma espécie superior de personagem atlante. É assim que ele o interpreta — como o último de sua raça [O Culto da Cabeça de Serpente], mas sua raça está enfraquecendo e outras raças estão surgindo."

Em 2012, Jones relembrou seu tempo no filme com carinho. "Estávamos todos alojados no mesmo hotel. [Schwarzenegger] malhava todo o tempo, e eu estava um pouco acima do peso, então ele disse 'Deixa eu te mostrar umas coisas que você pode fazer.' Foi dureza — minha esposa estava comigo também, ofegando junto comigo." A dramática cena da morte na escadaria gigantesca da Montanha do Poder no clímax do filme começa com Doom proclamando que é o pai de Conan, uma lembrança da cena climática de *O Império Contra-Ataca*. "Discuti com John Milius. Falei, 'Já fiz isso. Já disse a mesma coisa em outro filme!' John respondeu, 'Não me lembro. Você tem que dizer'. Acho que ele saiu impune." Jones também estava preocupado com a decapitação em si e achou que o público talvez não se convencesse com o que vissem ou ouvissem quando a cabeça de Thulsa Doom rolasse as épicas escadarias abaixo. "Você podia ouvir a cabeça fazendo um ruído surdo escada abaixo porque era feita de plástico. Eu disse, 'Você não quer ouvir o som de uma cabeça de verdade descendo as escadas?'"

Jones acredita que o poder de sua performance está enraizado tanto na escalação, quanto na escrita de Milius. "As pessoas tendem a se divertir com os vilões e isso destrói a credibilidade. Peguem Darth Vader ou Thulsa Doom como exemplo. Se divertir com eles, eu acho, é um grande erro. O que se deve fazer, é contratar alguém que seja um ser humano gentil — um urso, como eu — e então me fazer entregar aquele diálogo. John Milius pesquisou todos os homens malignos na história e colocou todos em uma só voz.'"

ELENCO
SANDAHL BERGMAN COMO VALÉRIA

Nascida no Missouri, Sandahl Bergman tinha 31 anos quando interpretou a protagonista feminina Valéria. Bergman era uma dançarina bem-sucedida e havia participado de *All That Jazz – O Show Deve Continuar* (1979) de Bob Fosse e na fantasia musical *Xanadu* (1980). Bob Fosse a recomendou pessoalmente para o papel em *Conan*. Milius se recorda a primeira vez que a viu na tela. "Assisti *All That Jazz*. Quando a vi dançando, eu disse 'É uma Valquíria. Temos que descobrir quem é essa mulher hoje.'"

Quando Bergman embarcou, não possuía nenhum conhecimento prévio do mundo de *Conan*. "Eu não conhecia nada a respeito do filme. Não sabia sobre os quadrinhos de *Conan*. Não tinha o roteiro. Entrei e houve basicamente uma reunião. E John Milius, eu me lembro, disse, 'Quer pegar carona em um tornado e dar um passeio?' Ele é provavelmente o mais grandioso contador de histórias que já existiu."

Bergman se considera um produto do teatro musical. Trabalhando há 6 anos na cidade de Nova York, ela poderia ter seguido essa carreira, mas queria o desafio de algo novo. "Minha sorte com

NA PÁGINA AO LADO:
Bergman com uma série de figurinos do designer John Bloomfield (na última foto embaixo, à direita).

Conan [foi que] pude incorporar o que faço de melhor, que é o movimento.

Valéria é uma mulher de movimento e flexibilidade incrível. Ela é uma mestra com as espadas, então acho que fiz muito bem essa transição."

Bergman passou por um extenuante treinamento físico e marcial para se preparar para o papel. "Treinamos muito com o coordenador de dublês, Terry Leonard. Muitas aulas teóricas, muitas aulas de artes marciais. Então tivemos muito preparo antes de nos envolvermos no trabalho."

Leonard sabia que treinar com os melhores artistas marciais traria os resultados necessários para o elenco em um curto prazo. "Tínhamos Yamasaki, que era o nosso mestre espadachim. Ele realmente os treinou na arte da esgrima e naquela luta de espadas parecida com caratê. Eu olhava a coreografia, então ou eu a aprimorava ou a diminuía. Todos treinavam equitação comigo das 8 da manhã até as 22h30. Então eles iam para a academia trabalhar com Yamasaki."

Como nenhum dublê conseguia se igualar a Bergman em tamanho e forma, ela inevitavelmente fez muitas de suas cenas de ação. "Era difícil. Quase perdi um dedo. Arnold bateu a cabeça em uma rocha. Mas não era nada comparado ao que os dublês passaram." Terry Leonard revelou que Bergman e seus colegas de elenco, Schwarzenegger e Gerry Lopez, fizeram muitas de suas próprias cenas de ação. Durante uma luta de espadas, Bergman estava com um figurante que não seguiu a coreografia correta estabelecida pelo coordenador de dublês, e a sequência acabou abruptamente quando o dedo de Bergman quase foi decepado.

Bergman foi indicada ao Globo de Ouro pelo papel de Valéria. Ela também se reuniu a Schwarzenegger e Dino De Laurentiis em *Guerreiros de Fogo* (1985), recusando o papel de Sonja e pedindo para ser escalada como a maligna Rainha Gedren.

ELENCO 85

ELENCO
GERRY LOPEZ COMO SUBOTAI

Em mais um desvio do material original de Robert E. Howard, Milius criou o personagem Subotai para acompanhar Conan. Ele o baseou no principal estrategista militar de Genghis Khan, Subutai, que conduziu mais de vinte campanhas para Khan e conquistou mais nações do que qualquer outro general. Roger Ebert, crítico de cinema do *Chicago Sun-Times*, viu o papel de Subotai no filme como um recurso narrativo facilitador. Um "tipo literário clássico — o Melhor Amigo. Ele ajuda o bárbaro a matar uma cobra gigante e o liberta da crucificação; o ladrão também chora por seu companheiro durante a cremação de Valéria, com a explicação de que 'Ele é Conan, um cimério. Ele não chora, então choro por ele.'"

Escalar o papel de Subotai tomou um rumo incomum. Milius originalmente iria escalar um jovem e inexperiente ator para o papel. "Lembro de ler que esse garoto foi muito bem em um outro filme, e que ele leu muito bem. Seu agente queria uma quantidade obscena de dinheiro. Então outras pessoas leram, mas não foram bem. Eu disse 'Ora, todas as pessoas que gostaríamos de ter, nós gostamos delas porque meio que lembram Gerry Lopez. Por que não chamamos logo o Gerry? Ele vai conseguir fazer.' E foi o que fizemos. Fizemos o teste com Gerry e ele foi muito bem. Até o Dino ficou bem surpreso."

Gerry Lopez nasceu no Havaí, em 1948, e é mais conhecido por ser um surfista premiado e ambientalista, com seu trabalho focado no oceano e na preservação ambiental. Antes de ser escalado para *Conan*, o único papel significativo de Lopez foi no drama de John Milius, *Amargo Reencontro* (1978), no qual exibiu sua habilidade no surfe.

Originalmente, um conhecido ator chinês interessado em despontar em Hollywood estava ávido para ser escalado como Subotai. O artista do filme *Conan*,

À DIREITA: Arco, aljava e flechas de Subotai. Imagem cortesia da Prop Store.

88 CONAN, O BÁRBARO – A HISTÓRIA OFICIAL DO FILME

William Stout, relembra: "Jackie Chan era um tanto desconhecido neste país na época (mas não em Hong Kong). Seu agente queria 1 milhão de dólares para que interpretasse Subotai. É uma pena que pediram tanto. Haveria um ator de verdade no papel, e interpretar Subotai teria alavancado a carreira de Jackie Chan na América bem mais cedo."

Milius revelou que ele escolhia os atores para *Conan* se as suas personalidades e aparências se encaixassem no papel. Isso garantia que eles chegassem ao material sem ideias preconcebidas sobre como abordar seus papéis. Lopez, no entanto, já era um fã de *Conan*. "Muito antes de ler o roteiro pela primeira vez, eu já era fã de Robert E. Howard e tinha lido a maioria dos livros de *Conan* — e a maioria de suas outras histórias também. E quando John disse que possivelmente iria fazer este projeto, passamos muito tempo juntos discutindo todas as coisas históricas nas quais os personagens eram baseados."

Lopez foi treinar com os outros atores por ordem de Milius, "Ele me mandou para a escola de atuação de Mako. Fui pra lá por cerca de seis meses. Foi uma experiência muito humilhante para mim porque todos os seus estudantes eram atores aspirantes muito bons, e eu era um surfista." A expressão vocal de Lopez também provou ser problemática então, apesar de estar satisfeito com sua performance durante a filmagem, Milius decidiu regravar suas falas com o ator veterano Sab Shimono.

ELENCO
CASSANDRA GAVA COMO A BRUXA

Dos poucos papéis femininos em *Conan*, talvez um dos mais memoráveis seja Cassandra Gava e sua performance como A Bruxa. Gava achou a filmagem um desafio. Para criar o efeito de vento dentro de sua cabana, ela ficou presa por tubos que passavam por debaixo do chão e subiam cuidadosamente posicionados ao longo de seu pescoço para fazer seu cabelo ondular enquanto ele lançava o encanto de sedução em Conan. Gava descreveu os dentes falsos como "muito desconfortáveis", o que a impedia de falar adequadamente durante as tomadas. Ela também usou lentes de contato lupinas e unhas parecidas com garras. "Não há nada de sensual [ou] erótico nisto."

Em uma parte da cena, Gava estava nua, e fez um acordo com Schwarzenegger para preservar sua dignidade. "Estava me sentindo muito modesta, então eu dizia [para Arnold], 'Me cubra, por favor, ou eu vou te expor.' Ele estava arrumando o cabelo. Milius disse a certa altura, 'O que você está fazendo?' 'Estou arrumando o cabelo dela!'"

90 CONAN, O BÁRBARO – A HISTÓRIA OFICIAL DO FILME

ACIMA: Foto de continuidade por John Bloomfield para o figurino da bruxa de Cassandra Gava. Na parede, designs de outros personagens do filme.

ELENCO 91

NESTA PÁGINA: Os atores William Smith e Arnold Schwarzenegger posam com Franco Columbu, que interpretou o batedor picto tatuado.

PÁGINA AO LADO: Smith com o ator Jorge Sanz, o Conan jovem.

ELENCO
WILLIAM SMITH COMO PAI DE CONAN

William Smith passou mais de 75 anos atuando, aparecendo em quase 300 filmes e programas de televisão. Em 1976, Smith havia sido considerado para o papel de Conan durante a primeira encarnação do filme com Oliver Stone e Ed Pressman.

Muitos atores foram considerados para o papel do pai de Conan. William Stout se lembra das possíveis escolhas de elenco. "Os dois atores sendo considerados para o papel do pai de Conan foram Jack Palance e William Smith. Se algum deles fosse mais jovem, acho que teriam sido perfeitos para interpretar Conan. Eu estava lá quando ambos se reuniram com John em ocasiões separadas. Jack Palance foi o primeiro. Ele estava animado e em grande forma. Tanto que ele insistiu em ser escalado como Conan e não o pai de Conan. Não podíamos fazer isto. Arnold Schwarzenegger já havia sido escalado. Ainda assim, em minhas pranchas, desenhei Jack como o pai de Conan."

Stout teve uma quase premonição a respeito da escalação do pai de Conan. "No meu primeiro dia de trabalho, em minha mesa de desenho, coloquei uma foto de William Smith que havia recortado de uma revista, com um pequeno bilhete que dizia, 'Este homem tem que estar no nosso filme', e eis que de repente ele foi escalado como o pai."

No livro de Paul Louis, *Tales From de Cult Film Trenches*, é revelado que Smith alegava ter o crédito pelo monólogo de abertura do pai de Conan no topo da montanha:

"Pois em ninguém – em ninguém neste mundo podes confiar. Nem nos homens, nas mulheres ou nas feras. Nisto podes confiar." [Apontando a espada]

— Pai de Conan

Smith disse, "Em *Conan*, eu tinha apenas uma fala, para o menino Conan, e John Milius ficava me dizendo, 'Quero algo sobre aço, fogo e força.' Eu já estava no set há 13 semanas e estava na tela por apenas 7 minutos, ele veio até mim um dia e disse, 'Vamos filmar aquele seu monólogo agora', e eu disse, 'Que monólogo?'. Respondeu, 'O que eu venho te dizendo…' Então o monólogo que falei em *Conan* foi de cabeça. 'Nem nos homens, nas mulheres ou nas feras. Nisto podes confiar…' A espada. Fiz o mesmo em *Amanhecer Violento* (1984). Escrevi todo o discurso russo dele."

Smith também alegava ter vencido Arnold Schwarzenegger em uma disputa de braço de ferro. "Quando saiu pela porta da frente, ele se virou e disse em alemão, 'Eu vou ser um astro de cinema', e assim foi e é — agora ainda mais!" Apesar de ter perdido o papel para o jovem fisiculturista austríaco, Smith admirava seus feitos físicos. "Uma coisa que nunca vou esquecer a respeito de Schwarzenegger é que ninguém conseguia se igualar a ele, nem seu dublê, por causa da forma em que estava. Ele fazia todas as suas cenas de ação. Trabalhava 12 horas por dia, e então caminhava 2 quilômetros. Depois treinava por 2 horas."

ELENCO
MAKO COMO AKIRO, O MAGO DAS COLINAS

Nascido no Japão, Makoto Iwamatsu foi creditado na maioria de suas aparições no cinema apenas como Mako. Ele nasceu em Kobe, no Japão, em 1933. Seus pais eram escritores e ilustradores de livros infantis. Quando menino, estava aos cuidados de sua avó durante a Segunda Guerra Mundial enquanto seus pais viajaram para a América para estudar arte e design. Eles evitaram a detenção sofrida por 120 mil nipo-americanos pois viviam na costa leste. O jovem Mako se juntou aos pais, posteriormente, se tornando um cidadão americano naturalizado. Depois de largar o curso de arquitetura, se alistou no exército americano e foi para a Ásia, onde se reconectou com sua herança.

Foi indicado para o seu primeiro e único Oscar pelo drama de guerra *O Canhoneiro do Yang-Tsé* (1966). O diretor John Milius queria trazer alguma influência japonesa para *Conan* e sentia que a experiência em atuação de Mako ajudaria seus três inexperientes atores principais. À medida que a filmagem prosseguia e os problemas com o sotaque de Schwarzenegger persistiram, foi decidido que Mako deveria apresentar o filme e ser seu narrador. Milius desejava muito assegurar o ator. "Mako era a escolha natural para o narrador e para tudo porque era inconfundível e um ator maravilhoso."

Em 1965, Mako foi cofundador da East-West Player, a primeira companhia de teatro nipo-americana dos Estados Unidos. Seu trabalho se estendeu por quatro décadas, e incluiu participações em algumas das séries de televisão mais memoráveis, incluindo *A Marinha de McHale* (1962 – 1966), *Os Destemidos* (1965 – 1968) e *M*A*S*H* (1972 – 1983). Nas telonas, interpretou o diplomata tibetano Kungo Tsarong em *Sete Anos no Tibet* (1997) de Jean-Jaques Annaud e o Almirante Yamamoto da marinha japonesa em *Pearl Harbor* (2001). Mako usou o status de sua indicação ao Oscar para reivindicar papéis para nipo-americanos. Em uma entrevista para o *The Times* em 1986, explicou, "Claro, nós lutamos contra estereótipos desde o primeiro dia na East-West. Essa é a razão pela qual formamos: para combater isso, para mostrar que somos capazes de mais do que apenas preencher os estereótipos: garçom, dono de lavanderia, jardineiro, artista marcial, vilão."

As ambições de sua companhia de teatro cresceram. Finalmente, Mako trouxe a bordo escritores profissionais para quebrar esse ciclo negativo de escalação. "A menos que nossa história seja contada para as [outras] pessoas, é difícil para elas entenderem quem nós somos."

Como membro vital do elenco, Mako retornou no mesmo papel para a continuação *Conan, O Destruidor*, em 1984. Ele também foi solicitado e concordou em voltar uma terceira vez em *Conan, The Conqueror*, mas problemas contratuais com Schwarzenegger e uma reação fraca a *Conan, O Destruidor* acabaram por extinguir essa possibilidade.

ACIMA: Ben Davidson (à esquerda) e Sven-Ole Thorsen (à direita).

ELENCO
SVEN-OLE THORSEN COMO THORGRIM E BEN DAVIDSON COMO REXOR

O dinamarquês de 2 metros de altura Sven-Ole Thorsen é um ator, dublê e fisiculturista e venceu o Homem Mais Forte da Dinamarca em 1983. 3 anos mais jovem que Schwarzenegger e 10 centímetros mais alto, Thorsen teria sido um Conan impressionante.

Os dois dividiram as telas em vários filmes, e Thorsen alega ter sido morto na tela por Arnie mais do que qualquer outro. Eles se conheceram por meio de sua paixão mútua por fisiculturismo e artes marciais no meio dos anos 1970. Schwarzenegger também respeita os conselhos de Thorsen — nos anos 1980, Thorsen foi o pacificador entre os astros rivais Schwarzenegger e Sylvester Stallone. Thorsen foi recompensado com o que ele chama de "mortes gentis". Em *Conan*, seu papel como o viking Thorgrim chega a um fim abrupto quando uma lança de madeira o trespassa. Ao descrever a cena, Thorsen faz uma abordagem pragmática. "Não sou ator. Sou apenas o Sven. John Milius me disse o que fazer, e fiz o que John disse, mas não tinha nenhum sentimento ou entendimento. John me deu uma fala para dizer a James Earl Jones: 'Mas, mestre, eles não o feriram.' Eu não conseguia dizer a fala. Nunca senti tanta pressão antes em minha vida."

Em sua autobiografia, *A Viking in Hollywood*, Thorsen relata a decapitação de Thulsa Doom. Ele alegou que o ator de Doom, James Earl Jones, tinha pedaços de carne assada dentro de seu figurino para ajudar a criar os sons de corte necessários e garantir que sua cabeça ficasse firme em seus ombros durante as tomadas com a poderosa espada de Schwarzenegger. No entanto, Jones não se lembra disso. "É uma ótima história! Não é verdadeira, mas puxa vida, pode perpetuar. Pedaços de carne assada sob o meu figurino... é disso que são feitos os mitos!"

Thorsen voltou para a continuação *Conan, o Destruidor* em 1984 como o vilanesco Togra e continuaria a se reunir com Schwarzenegger mais do que qualquer ator, aparecendo em *Guerreiros de Fogo* (1985), *Jogo Bruto* (1986), *O Predador* (1987), *O Sobrevivente* (1987), *Inferno Vermelho* (1988), *Irmãos Gêmeos* (1988), *O Exterminado do Futuro 2: O Julgamento Final* (1991), *O Último Grande Herói* (1993), *Queima de Arquivo* (1996), *Fim dos Dias* (1999) e *Efeito Colateral* (2002).

Outra escalação não convencional de Milius foi Ben Davidson, um ex-jogador de futebol americano. Embora Davidson não fosse dinamarquês, Milius se referia a Davidson e Thorsen como seus "grandes dinamarqueses". "Eles eram como cachorrinhos malvados. Estavam sempre aprontando alguma coisa e pregando peças em todo mundo."

Os imensos 2,07 metros de altura de Davidson impressionaram Milius. "Ele era ainda mais alto que qualquer um deles. Eu disse 'esse cara daria um ótimo vilão'". Durante a luta na Câmara da Orgia, Milius pediu a Davidson para jogá-lo contra os pilares de mármore e vir para cima dele com a espada. O diretor recebeu uma atuação mais realista do que esperava. "Ele me jogou no pilar com tanta força que quase rachou. Perdi o fôlego e pisquei, então o machado estava vindo na minha direção e só me abaixei. O Ben nunca fez a meia velocidade."

À ESQUERDA: A relação profissional forjada em *Conan* por Thorsen e Schwarzenegger levaria a uma colaboração de 30 anos nas telas.

ELENCO
MAX VON SYDOW COMO REI OSRIC

O papel do rei que lamenta a perda da filha para o Culto da Cabeça de Serpente era apenas uma pequena parte do roteiro, mas escalar o ator certo traria uma seriedade importante para aquelas cenas que o filme necessitava.

"Que ousadia! Que ultraje! Que insolência! Que arrogância!... Eu os saúdo."
— Rei Osric

Entre os considerados para o papel estava incluído John Huston, diretor e por vezes ator. Huston foi considerado para os papéis do Mago e de Thulsa Doom, mas, aos 76 anos, já estava velho demais para esses papéis. Sterling Hayden também foi considerado, mas a idade também foi um fator e ele ficou doente antes que o elenco estivesse completo. Milius: "Seria ótimo ter alguém como Max von Sydow, mas ele nunca aceitará esta ponta." Milius ficou surpreso quando ele concordou. "Foi um pouco chocante quando apareceu porque eu tinha muita admiração por ele."

Quando Sydow foi escalado, Milius estava confiante que isso traria mais credibilidade para suas escolhas de elenco. O papel de Rei Osric apresentaria Sydow com um monarca sisudo cujo conflito contínuo com o Culto da Serpente de Thulsa Doom levaria ao aprisionamento de sua filha, que caíra sob o feitiço maligno de Doom. Conan, Valéria e Subotai fizeram uso de suas habilidades de ladrões para roubar de volta a princesa. Sydow foi encorajado pelo filho mais velho, um grande fã de *Conan*, a aceitar o papel. Era mais dramático e expressivo do que o ator sueco estava acostumado. "Era mais teatral do que os filmes que estava habituado. Na época, me ofereciam personagens muito controlados, sem nenhuma paixão. E, de repente, ali estava alguém com quem poderia tomar algumas liberdades."

Uma das memórias mais duradouras de Sydow foi sua cena de morte, que foi cortada da versão final do filme. "Após a cena quando os três ladrões são apresentados ao Rei Osric, ele é morto pelos seus guardas, que eram secretamente adoradores da Serpente. Milius, que apreciava bastante espadas e decapitações, queria que minha barriga quase fosse cortada ao meio."

A equipe de efeitos especiais colocou bolsas de sangue sob o figurino do ator, mas a tomada não saiu como planejado. "Tentei morrer o mais realisticamente possível, mas ele errou, então não houve sangue. Milius ficou muito chateado, então nós refilmamos e mesmo resultado. Então de novo, colocaram essas bolsas de sangue. E finalmente ele atingiu o ponto certo e foi uma enxurrada de sangue. E todos nós caímos na risada porque era muito extraordinário. A cena não pôde ser usada e teve de ser cortada."

À ESQUERDA e ACIMA: Imagens raras de uma cena cortada mostrando a morte do Rei Osric.

A FILMAGEM
COMEÇA A AVENTURA

Dino De Laurentiis fazia até cinco filmes por ano, então estar fisicamente presente durante toda a filmagem de *Conan* não era possível. Portanto, precisava encontrar alguém para ficar no seu lugar e escolheu sua filha. "Escolhi Raffaella não porque é minha filha, mas porque procuro as melhores pessoas. Escolhi Raffaella porque ela é uma das melhores produtoras na cidade." Raffaella De Laurentiis revela que, originalmente, Dino havia oferecido outro filme a ela. "Dino nunca foi um grande fã de *Conan*. Na verdade, lembro que na ocasião ele queria que eu fizesse *Na Época do Ragtime* [um drama de época da virada do século que se passava em Nova York], e eu não queria fazer esse filme. Queria fazer *Conan*. Acho que é uma questão de gosto. Se você olhar a minha carreira desde então, sempre fiz fantasia e aventura, é o que me atrai mais."

As filmagens começaram nos Estúdios Shepperton na Inglaterra, em outubro de 1980. O Rei Conan no trono foi filmado como teste de maquiagem e iluminação e, originalmente, não seria usado no corte final do filme. Essas cenas da Sala do Trono foram usadas na continuação *Conan, o Destruidor* (1984). Cenas com as concubinas de Conan também foram filmadas, mas não foram usadas. Essas imagens raras também mostram Conan sem barba.

As filmagens locais de *Conan* foram planejadas ao redor de países que melhor retratassem os mundos antigos das histórias de Robert E. Howard. A Alemanha e o leste europeu foram as locações previstas, com a antiga Iugoslávia escolhida como locação primária,

e a pré-produção começou. Após quatro meses de trabalho preparatório, no entanto, a situação política no país começou a preocupar Raffaella De Laurentiis. "Decidimos que era mais seguro mudar o filme da Iugoslávia para a Espanha."

A política não foi o único problema. A infraestrutura básica não estava pronta para a equipe de produção na Iugoslávia. O produtor Buzz Feitshans resume a falta de recursos. "Tínhamos um prédio novo em folha no terreno do estúdio e o designer de produção Ron Cobb estava instalado no andar de cima, onde havia uma linda iluminação. Ele estava muito feliz. No fim do dia, ele desceu e falou 'Preciso de algumas luzes', perguntei 'Como assim? Acabamos de ligar as luzes.' Respondeu 'Não consigo encontrar uma tomada para ligar as luzes.' Então fomos até o prédio principal do administrador do estúdio e ele disse 'Ah, sim, eu arrumo, não se preocupem, não se preocupem.' Então voltou para a sala com uma extensão. Nós ligamos as luzes e ele disse 'Pronto!' Então Ron e eu seguimos o cabo até embaixo, saímos do prédio, atravessamos o pátio e entramos em outro prédio. Eles haviam se esquecido de colocar tomadas elétricas no prédio novo."

Os produtores alocaram 11 milhões de dólares para a produção na Espanha, dos quais 3 milhões foram gastos na construção de 49 sets. O Templo de Set foi construído nas montanhas da Almeria. A construção final tinha 50 metros de comprimento e 22 metros de altura. Foi o mais caro dos sets, custando 350 mil dólares e sua escadaria tinha 120 degraus. Raffaella De Laurentiis e Buzz Feitshans precisavam rodar o filme dentro de um orçamento total de 20 milhões de dólares. De Laurentiis detalha os números. "Na Espanha podemos filmar o filme por 18 milhões. Na Itália, ele custará 32 milhões. Poderíamos fazer em Las Vegas e construir os sets no deserto de Nevada, e irá custar ainda mais. Ou podemos fazer em algum estúdio em

NESTA PÁGINA:
Imagem rara da sequência não utilizada da Sala do Trono.

ACIMA: Schwarzenegger com Raffaella De Laurentiis.

ACIMA: Milius, Lopez, De Laurentiis e Buzz Feitshans.

A FILMAGEM 103

Los Angeles e vai custar mais ainda." Usar galpões em vez de estúdios caros significava que eles poderiam apresentar um grande valor de produção na tela para o público e ainda permanecer dentro do orçamento.

A base principal da produção do filme era um hotel no centro de Madri. Ele abrigava os atores e a equipe. Mais de 200 funcionários da produção estavam ocupados construindo os sets em um grande galpão a 40 quilômetros da cidade. As cenas externas foram marcadas para as montanhas perto de Segóvia e nas dunas de areia e pântanos de Almeria, que é uma província na costa do Mediterrâneo. A cidade hiboriana foi recriada em um bazar marroquino em uma antiga fortaleza já existente. Junto com uma coleção de animais — cães, bodes, cobras, camelos, abutres, um falcão e um leopardo — haviam mais 1.500 figurantes para povoar o vasto mundo cimério.

NO TOPO: Schwarzenegger e Lopez numa locação na Espanha

104　CONAN, O BÁRBARO – A HISTÓRIA OFICIAL DO FILME

ABAIXO: *Conan* foi filmado em película Kodak 35mm (filme Eastman Color Negative II 100T 5247/7247) com a câmera Arriflex BL e lentes Todd-AO.

A FILMAGEM
CENAS DE AÇÃO

As espadas têm um destaque em *Conan*, e os atores aprenderam esgrima com Kiyoshi Yamazaki, um mestre faixa preta de caratê e espadachim. Yamazaki orientou as coreografias das lutas de espadas e fez uma participação como um dos instrutores de Conan. Foi dada uma atenção especial às duas espadas empunhadas por Conan: a espada de seu pai (chamada de Espada do Mestre) e a lâmina que encontra em uma tumba (chamada de Espada Atlante). Ambas foram feitas a partir dos desenhos de Ron Cobb.

No final dos anos 1970, o trabalho dos coordenadores de dublês e das armas de efeitos visuais começaram a se aproximar. Por fim, em *Conan*, eles se fundiram. Arnold Schwarzenegger falava do rigor do treinamento abrangente do seu corpo para poder ficar na forma perfeita do Conan dos quadrinhos. "Era um campo de treinamento amplo que incluía treino com pesos para garantir que o corpo ficasse musculoso e fluído com a execução dos movimentos de espada. E todas essas atividades físicas tiveram que se tornar instintivas." Cada cena de luta teve que ser analisada cuidadosamente no roteiro. Esse planejamento era essencial — algumas cenas tinham até vinte atores envolvidos, todos empunhando espadas. Algumas espadas eram de alumínio e outras de fibra de vidro, dependendo do seu uso em cena e de quão perto da câmera ela estaria. O coordenador de dublês Terry Leonard coreografou cuidadosamente cada cena.

Naturalmente, Schwarzenegger se encontrava sempre no centro da ação física na tela. "Nunca fiz um filme tão físico e com tanto perigo assim. Não há um dublê que possa me substituir porque ninguém tem um corpo como o meu. Eu mesmo tenho que fazer muitas das cenas de ação, o que pode significar alpinismo, cavalgar elefantes ou camelos, escalar torres, lutar corpo a corpo e com espadas, onde você está sempre muito próximo da lâmina. Quando se é exposto ao perigo, isso faz você crescer como pessoa."

No entanto, Leonard não tinha medo de se colocar no centro das cenas mais perigosas. Na sequência do roubo da joia, por exemplo, Valéria corta a garganta de um guarda e o joga em um poço de mais

NESTAS PÁGINAS: O elenco principal realizou muitas das cenas de ação e com espadas, o que resultou em alguns ferimentos.

de 20 metros de profundidade. Leonard executou essa queda. Gerry Lopez se impressionou com a dedicação de Leonard. "Ver Terry Leonard mergulhando, eu mal podia acreditar que ele sobreviveria quando mergulhou em uma pilha de caixas de papelão. Ele é à moda antiga. Hoje eles usam colchões de ar."

Sandahl Bergman sofreu um acidente em frente às câmeras que quase levou à perda de seu dedo por conta de um movimento inesperado de um figurante interpretando um guarda. Era um movimento de apara, uma manobra de esgrima com o intuito de desviar ou bloquear um ataque. A espada do figurante deslizou pela mão de Bergman, atingindo seu dedo indicador, quase decepando-o. Terry Leonard a levou correndo para o hospital, mas foi pragmático a respeito dos riscos que os atores correm em filmes desse tipo. "Ao fazer um filme de ação com grandes astros, sempre há esse elemento de risco. Você tenta deixar perfeitamente seguro, mas de vez em quando alguém vai se cortar." Bergman teve uma reação menos solidária de seu diretor. "John Milius, em vez de perguntar, 'Você está bem?', lembro de ele dizer 'Valéria nunca deixaria isto acontecer.'"

Leonard é amplamente reconhecido como um coordenador de dublês lendário. Ele começou na carreira de dublê após uma lesão nas costas interromper uma promissora carreira de jogador de futebol americano no British Columbia Lions de Vancouver, no Canadá. Além de seu trabalho de dublê, também foi diretor de segunda unidade em diversos filmes e séries de televisão, incluindo o remake de *Poderoso Joe* (1998). Recebeu diversos prêmios ao longo de sua carreira, incluindo um da Screen Actors Guild pelo seu trabalho em *A Origem* (2010) de Christopher Nolan. O vasto conjunto de sua obra inclui *Apocalypse Now* (1979), *Caçadores da Arca Perdida* (1981), *Tudo por Uma Esmeralda* (1984), *Gremlins* (1984) e *O Fugitivo* (1993). Mas é por John Milius que Leonard tem a maior consideração. "As aventuras em que John Milius e eu estivemos são o ponto alto da minha carreira. Ele é um amigo leal, e isso é algo raro neste negócio. Há pessoas por quem arrisquei a minha vida que nem se lembram do meu nome, mas o John lembra, e isso significa muito para mim."

Em 2003, Terry recebeu um Golden Boot Award por suas "genuínas e significativas contribuições" para o gênero de filmes de faroeste.

A FILMAGEM 107

NESTA PÁGINA: O trabalho de Jody Samson é muito procurado hoje em dia por fãs do filme e por colecionadores. Fotos de Dan Fitzgerald, cortesia de Albion Swords.

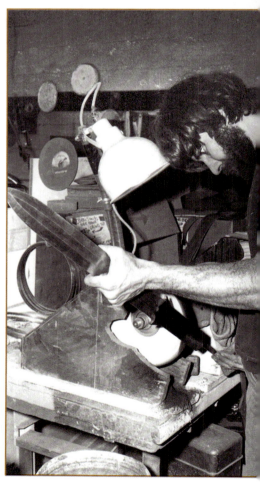

A FILMAGEM
AS ESPADAS

◊ designer de produção Ron Cobb criou o design da Espada Atlante. Caberia ao mestre armeiro Jody Samson torná-la real. Samson fazia facas por encomenda desde 1974, e seu trabalho foi reconhecido em 1979 quando recebeu o prêmio "Faca do Ano" da revista *Blade*. A Espada Atlante é um elemento visual central no filme, e sua proveniência sugere que pertenceu a um antigo rei, sepultado com sua amada espada. A lâmina da Espada Atlante tem quase 69 centímetros de comprimento, quando o cabo é incluído, e chega a quase 93 centímetros. O próprio cabo se estende por 16,5 centímetros sobre a lâmina e acima da guarda. A espada misteriosa também possui hieróglifos enigmáticos gravados ao longo da lâmina, embora sejam apenas decorativos. O próprio Samson confirmou que "são marcas sem sentido inventadas no roteiro."

Samson fez espadas e réplicas para os filmes *Lancelot, o Primeiro Cavaleiro* (1995), *A Máscara do Zorro* (1998), *Blade: O Caçador de Vampiros* (1998), *Batman Eternamente* (1995) e *Batman & Robin* (1997).

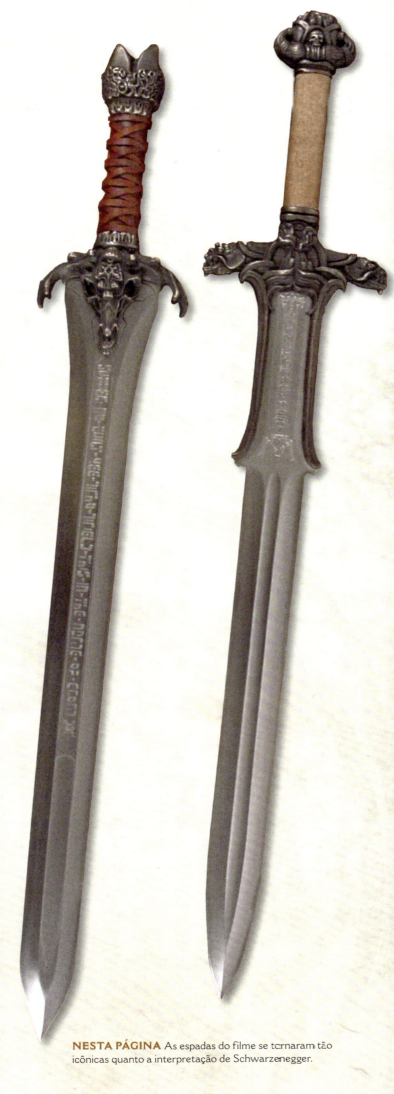

NESTA PÁGINA As espadas do filme se tornaram tão icônicas quanto a interpretação de Schwarzenegger.

A FILMAGEM
O VILAREJO CIMÉRIO

O transtorno de mudar a produção para a Espanha adicionou seis meses ao cronograma da equipe. O que significou que a equipe de produção perdeu o início em janeiro, essencial para as paisagens cobertas de neve necessárias para a dramática cena de abertura onde Thulsa Doom invade o vilarejo da família de Conan. Raffaella De Laurentiis explica como ela arranjou uma solução eficiente. "A ideia era começar em janeiro porque queríamos neve para a grande cena de abertura. Não nevou, então começamos a jogar uma neve falsa no chão e então, por fim, fomos lá filmar, e finalmente nevou bem quando precisávamos." O diretor Milius queria criar uma abertura dramática para o filme, então a cena do vilarejo sendo destruído se tornou a sequência que estabeleceria o tom e começaria a ação narrativa com um impacto dramático. O vilarejo cimério foi construído em uma floresta perto da estação de esqui de Valsaín, no sul de Segóvia. Estima-se que 12 mil dólares foram gastos em pó de mármore para simular neve.

NESTAS PÁGINAS: A dramática e brutal abertura de Milius seria vítima dos censores.

A FILMAGEM 111

A FILMAGEM
A RODA DA DOR

Milius havia descrito a Roda da Dor no roteiro como um lugar de punição, mas não parecia ter mais nenhum propósito além de acorrentar os escravos, então o designer de produção Ron Cobb decidiu que queria dar um sentido ao mecanismo. Ele sugeriu que a roda deveria ser para moer grãos. O design de Cobb tomou forma rapidamente, e possui ecos de entalhes de navios vikings escandinavos. A aparência foi considerada satisfatória, mas teria de haver uma praticidade para que a roda girasse de modo realista. Quando Arnold Schwarzenegger experimentou a estrutura completa, ele a empurrou sem esforço, então Cobb pediu à equipe para empurrar um dos braços da roda do outro lado, contrabalanceando Schwarzenegger para dar à roda algum peso de movimento.

A roda foi construída na locação, e a sequência foi criada para mostrar a passagem do tempo e o crescimento de Conan, de uma criança para um adolescente até um homem musculoso. Schwarzenegger foi assolado com uma máquina de vento e neve para adicionar a mudança das estações à passagem de tempo. Ele pediu chá e aguardente entre as tomadas para se aquecer, pois estava usando apenas um calção de couro.

ABAIXO: O design de Ron Cobb para a Roda da Dor foi acompanhado de perto para a réplica em tamanho real na locação e o modelo de design (como visto na página 138).

A FILMAGEM
CORRENDO COM LOBOS

Na Espanha, equipes locais de produção foram contratadas. O que às vezes levava a situações inusitadas e até perigosas. Quando Conan é liberto da escravidão, aventura-se no mundo com apenas algumas peles e correntes. Ele encontra alguns lobos, que no roteiro deveriam persegui-lo, pois o viam como uma suculenta refeição. Na realidade, os cães também viram Schwarzenegger como seu próximo jantar. Milius ficou chocado e encantado com o desempenho dos lobos na tela, mas havia sinais de que algo estava errado. "Os lobos [estavam] perseguindo Arnold e a cena estava ótima. Acho que aqueles cães não eram bem treinados. Eles atacaram o próprio dono diversas vezes enquanto estávamos lá."

A cena foi filmada inicialmente com Schwarzenegger correndo em direção às rochas — onde estaria a entrada para a Câmara Atlante — sem os lobos. Na segunda tomada, os lobos foram soltos, e um passo em falso de Schwarzenegger enquanto escalava as rochas permitiu que um dos lobos se lançasse em suas costas, cravasse os dentes e começasse a arrastar o astro do filme rochedo abaixo. O treinador saiu correndo e puxou o animal faminto. Isso aconteceu na primeira filmagem do primeiro dia. Um socorrista suturou o ferimento de Schwarzenegger, e quando ele disse para o diretor que estava sangrando, Milius respondeu, "Está ótimo. Não toque. A dor é momentânea, mas o filme é eterno."

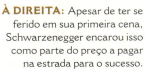
À DIREITA: Apesar de ter se ferido em sua primeira cena, Schwarzenegger encarou isso como parte do preço a pagar na estrada para o sucesso.

NESTA PÁGINA: Na época do lançamento de *Conan*, esta foi a maior e mais ambiciosa cobra animatrônica vista nas telas.

A FILMAGEM
COBRAS!

Arnold Schwarzenegger sabia que havia uma expertise significativa à disposição para a sequência da cobra gigante, apesar das limitações da época. "Naquele tempo, você não podia usar um computador para criar a cobra. Dependia do trabalho manual e então do talento das pessoas que construiriam uma cobra mecânica. Tinha a aparência exata de uma cobra, com a mesma textura e uma boca gigantesca. Era comprida, mas tinha que se mover."

A cobra mecânica final era tão comprida que não cabia inteira no set. Para as cenas que envolviam disparar flechas na cobra, o próprio John Milius as disparou, a centímetros do protagonista. "Quando a cobra foi construída, ela funcionava muito bem, mas não cabia no set. A pior parte que me lembro foi disparar flechas nela. Acontece que eu era o melhor arqueiro. Eu tive que disparar as flechas logo acima da cabeça de Arnold, direto na cobra."

Havia cobras reais no set também. O especialista em cobras Yves de Vestel era conhecido como o 'Doutor Cobra' no set, e despejou duas dúzias de cobras em uma piscina para Schwarzenegger se acostumar com elas. Schwarzenegger ficou nervoso, mas seu colega de elenco, James Earl Jones, já tinha alguma experiência com cobras dos seus dias como soldado. Como parte de seu treinamento, ele tinha que fazer amizade com uma cobra não peçonhenta e mantê-la

ACIMA: Schwarzenegger com os mestres dos efeitos especiais Nick Allder e Geoge Gibbs, ambos ganhadores do Oscar e do Bafta.

ABAIXO, À ESQUERDA: Colin Arthur examina os dentes da cobra enquanto Allder assiste.

A FILMAGEM 115

até o fim do curso, quando eram comidas. Era a visão oposta à que ele tinha por ter crescido em uma fazenda, onde estava atento às cobras e tinha que matá-las para proteger a fazenda. Quando foi filmar, Jones se entrosou com as cobras. "Quando cheguei ao set, o Doutor Cobra disse que as cobras ficavam confortáveis demais perto de mim. Eles tinham que cutucá-las para que se movessem."

O Doutor Cobra dava à maioria das pessoas no set uma cobra para manter com elas durante a filmagem para criar uma espécie de simbiose. Milius recebeu uma enorme jiboia, que ele tentava segurar ao redor do pescoço a maior parte do dia. "Eu estava tentando me acostumar com ela, e é claro que ela se acostumou comigo, mas eu nunca me acostumei com ela."

O efeito para a dramática cena da transformação de Thulsa Doom em uma serpente foi obtido com uma edição hábil e uma máscara de borracha do ator James Earl Jones. Uma armação de cobra é empurrada contra ela por trás e então a cabeça da serpente é revelada. A seguir, uma considerável cobra mecânica começa a ondular pela extensão do trono em direção à mulher abaixo. Um corte para um modelo de set menor continua a sequência, com uma cobra em escala, grande o bastante para convencer os olhos de que é a mesma cobra indo em direção ao resto do set da Câmara da Orgia.

À ESQUERDA: Valerie Quennessen interpretou a filha do Rei Osric, que foi enfeitiçada pelo Culto da Serpente.

ABAIXO: Anne Josis, esposa do especialista em cobras, Yves de Vestel, com a pequena cobra animatrônica usada para a transformação de Thulsa Doom. Foto de Alban de Vestel.

À ESQUERDA E ABAIXO: Fotos Polaroids recém descobertas de Carlo de Marchis preparando a cobra animatrônica para a transformação de Thulsa Doom. Fotos cortesia de Carlo de Marchis.

A FILMAGEM 117

A FILMAGEM
A CÂMARA DA ORGIA

A Câmara da Orgia foi construída dentro de um insuspeito depósito de dois andares fora de Madri, a única pista da sua existência era uma placa rudimentar pintada com tinta vermelha dizendo apenas "Conan". Do lado de dentro, o set era uma colmeia em atividade, com os departamentos de figurino, maquiagem e arte bastante ocupados. Schwarzenegger relembra sua primeira impressão do set. "Você era transportado para o esplendor devasso do canibalístico Culto da Serpente do feiticeiro. A Câmara da Orgia era um salão de pé direito elevado com sacadas de mármore e lances de escadas iluminados por tochas e envolto em cetim e seda, com uma dúzia de mulheres nuas com seus consortes espalhados em grossas almofadas no centro rebaixado do salão, cochilando e se deleitando."

Entre as tomadas, um set de filmagem é um lugar barulhento, parecendo estar sempre em um modo de semiconstrução. Era o quarto dia de filmagem nesse set quando um grito se fez ouvir. "Dino está aqui!" Dino De Laurentiis estava fazendo a primeira de suas visitas mensais à produção. Schwarzenegger relembra o momento com apreensão. "De repente a comoção parou. Olhei do topo do amplo lance de escada e lá, no meio de todas as garotas nuas, estava o nosso lendário produtor, fazendo a sua primeira aparição no set. De Laurentiis estava impecavelmente arrumado, vestindo um terno elegantíssimo e um lindo sobretudo de cashmere, o qual, sendo italiano, jogou por cima dos ombros como se fosse uma capa." Ainda havia uma certa tensão entre o produtor e seu protagonista após o espinhoso primeiro encontro. Depois de assistir algumas cenas e de ver Schwarzenegger no set, no entanto, De Laurentiis se aproximou dele e fez uma observação substancial. "Schwarzenegger... você é Conan." Então virou-se rapidamente e saiu andando do set. Milius estava assistindo próximo dali e ouviu o que foi dito através de um dos microfones que havia sido colocado no set. Ele informou Schwarzenegger, "Você sabe que esse é o maior elogio que você vai receber desse cara? Hoje de manhã ele assistiu aos três dias de filmagem que fizemos e agora ele confia."

NESTAS PÁGINAS: A cena da orgia foi filmada no inverno, e, sem a possibilidade de aquecer o set, foi um desafio para aqueles com pouca roupa.

A FILMAGEM
O TEMPLO DE SET NA MONTANHA

A enorme escadaria no templo do Culto da Serpente foi um dos maiores sets já construídos para um filme. Apesar de precisar ser reforçado para suportar os 1.500 figurantes que estariam ali para o final do filme, não foram feitas plantas antes da construção em si. O coprodutor Buzz Feitshans ficou maravilhado ao ver a abordagem não convencional adotada pelo mestre de obras espanhol Aldo Puccini. "Ele ia até o local e desenhava um círculo no chão, então cravava uma estaca e dizia 'É aqui que vai ser, e vai começar aqui e terminar lá', e começava a construir. Não havia projetos de engenharia ou planos arquitetônicos. Ele tinha esboços e desenhos e nada mais." A escala de construção era diferente de tudo já visto na Espanha para a produção de filmes. O set de 120 degraus do templo foi construído nas montanhas a 13 quilômetros de Almeria. Com 50 metros de comprimento e 22 metros de altura, o set foi o mais caro do filme, custando 350 mil dólares. Ele foi construído em madeira e concreto. Foi a maior construção para um filme em que Buzz Feitshans se envolvera, ainda que fora apenas uma amostra do que estava por vir para o produtor, que posteriormente produziu filmes épicos com a Carolco Pictures.

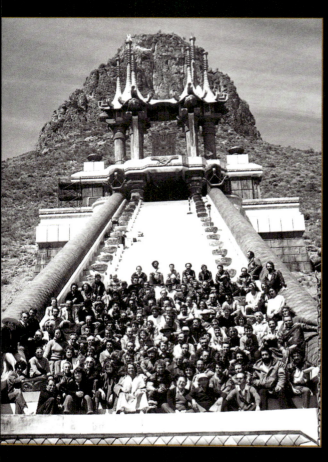

NESTA PÁGINA: Após meses de projeto e construção, os degraus do set da Montanha do Poder seriam incendiados para o final do filme.

A FILMAGEM
A ÁRVORE DA AFLIÇÃO

Milius criou esta cena, descrevendo-a como o reverso da crucificação real de Cristo. Conan acredita que seu deus, Crom, o abandonou, então ataca o abutre que pousa em seu pescoço para bicar seus ferimentos ensanguentados. Por fim, ele o morde por vingança a Crom. As primeiras tomadas foram de um pássaro real, que então foi substituído por uma versão empalhada, controlada por técnicos como uma marionete. Apesar de não ser um pássaro vivo, após Schwarzenegger o morder, a equipe médica correu e o fez gargarejar com antisséptico bucal para remover qualquer chance de infecção. A sequência foi filmada em março de 1981 perto da costa de Almeria. A Árvore da Aflição foi construída com gesso e isopor sobre um esqueleto de metal e madeira. Ela foi habilmente instalada em um suporte giratório para dar maior flexibilidade durante a filmagem, permitindo que as sombras fossem consistentes nos três dias que a filmagem durou. Para assegurar o conforto de Schwarzenegger, ele estava sentado em um assento de bicicleta preso à árvore, imperceptível para as câmeras.

NESTAS PÁGINAS: A Árvore da Aflição passou a simbolizar toda a dificuldade da produção para Milius e Schwarzenegger.

A FILMAGEM
A RESSUREIÇÃO DE CONAN

Conan está morto, e o Mago é convocado para trazê-lo de volta. Para essa sequência, o rosto de Schwarzenegger foi meticulosamente pintado com imagens e símbolos pelo departamento de maquiagem. O design aqui foi uma vez mais influenciado pelo amor de Milius pela arte e cultura japonesa. Milius descreve essa cena como um "roubo" do filme japonês de 1964 *Kwaidan - As Quatro Faces do Medo*, dirigido por Masaki Kobayashi. No filme o rosto de Hoichi é pintado para salvá-lo de um espírito samurai, mas os pintores se esquecem de pintar suas orelhas e estas são removidas pelos espíritos. Aqui, as orelhas e mãos de Conan foram pintadas. Para Schwarzenegger, essa sequência, depois de tudo que já tinha enfrentado, foi mais como uma visita relaxante a um spa. "Eu só fiquei lá, deitado, como se estivesse na praia, e essa gente toda ficava em volta, fazendo suas pinturas. Eu caí no sono porque foi muito relaxante. Era como receber uma massagem. Com certeza, foi o meu momento menos difícil ao fazer *Conan*."

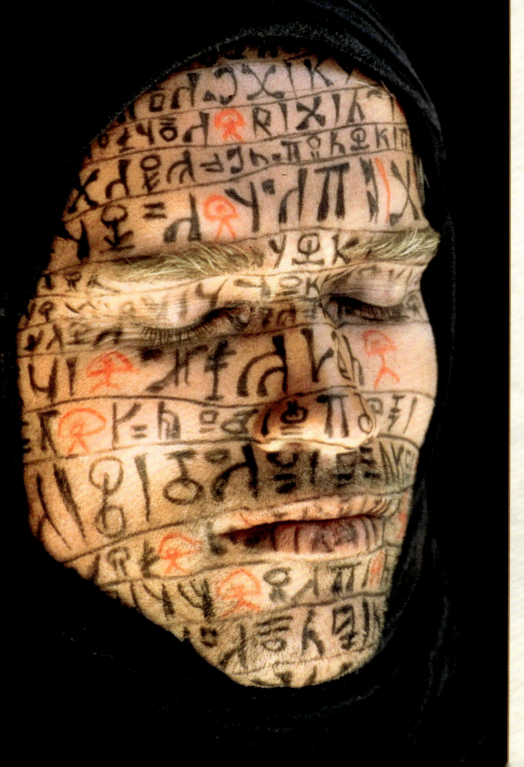

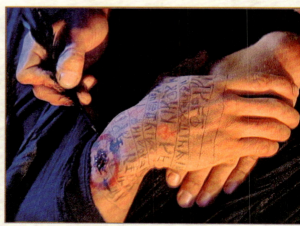

NESTA PÁGINA: Esta foi a única cena na qual Schwarzenegger pôde relaxar completamente, comparando-a uma ida a um spa.

A FILMAGEM
CONAN CAMUFLADO

Para o resgate da princesa, um novo visual foi criado para Conan, Subotai e Valéria. Ele foi baseado na paixão de John Milius e Gerry Lopez por aviões de guerra. Lopez passava horas montando aviões em miniatura. "John Milius e eu passávamos uma quantidade incrível de horas montando aeromodelos e os pintando com diferentes padrões de camuflagem. Foi daí que ele teve a ideia de camuflar os corpos. Arnold, Sandahl e eu fomos pintados para que pudessem ver como ficávamos. John já sabia antes mesmo de nos pintarem que iria ter um ótimo efeito."

A maquiagem para o trio de atores seria outro desafio a ser superado: a que foi usada no corpo era a base de sabão, e começou a secar sob a intensa iluminação do estúdio. Coçava demais e o desconforto dos atores não acabou após o término das gravações do dia — ao retornar para o hotel uma noite, descobriram que não havia água para remover a maquiagem do corpo. Tiveram que dormir maquiados.

NESTA PÁGINA: A 'maquiagem de guerra' se tornou uma imagem duradoura do filme, com representações da camuflagem aparecendo regularmente em artes de fãs e em sofisticadas *action figures* para colecionadores.

A FILMAGEM 127

A FILMAGEM
CARNIFICINA CANIBAL

O segredo do Culto de Thulsa Doom é revelado quando Conan descobre que eles são canibais. O diretor Milius se divertiu bastante escrevendo e dirigindo estas cenas. "Eles estavam comendo seres humanos, experimentando o mais proibido dos frutos, então você queria ver isso. Todos os corpos eram esfolados e estripados como animais pendurados, para fazer sopa. Chamamos de 'caldo de ervilha e mãos' porque parecia sopa de ervilha, mas tinha todas essas mãos. E alguns crânios!"

NESTA PÁGINA: O efeito de sopa de ervilha verde suavizou a cena de canibalismo para os censores.

A FILMAGEM
UM NOVO STONEHENGE

Trabalhar em locações significava criar um cenário histórico realista que fosse acessível para o elenco e equipe, mas o clima imprevisível fazia disto um exercício precário. Para a sequência de Stonehenge, era essencial conseguir o visual certo para as pedras e fazer o melhor uso do tempo ao construir o set rapidamente. O designer de produção Ron Cobb arranjou uma solução engenhosa. "Nós remodelamos o deserto para criar dunas imensas. Os grandes pedregulhos de Stonehenge eram isopo-revestidos com fibra de vidro. Era exatamente o que precisávamos para realizar toda a sequência."

NESTA PÁGINA: A abordagem detalhista de Ron Cobb ajudou a resolver muitos dos problemas práticos da filmagem.

A FILMAGEM
A BATALHA FINAL

A sangrenta batalha final entre Conan e o exército do Culto da Serpente é eficiente e violenta, e causou certa polêmica quando o filme foi lançado. Milius estava fascinado com a mecânica das armadilhas que a equipe de efeitos especiais criou. "A armadilha de espinhos é muito eficiente. Ela funciona porque você vê o capacete e vê ele ser atingido pelo martelo, o que aciona a coisa toda que gira e espeta Sven. Adoro quando Arnold está olhando para Sven pendurado na coisa e dizendo, 'O que foi? Está triste?'"

O coordenador de dublês Terry Leonard e Milius coreografaram cuidadosamente o caos da mortífera luta final, embora Leonard soubesse que, no fim das contas, era Milius quem estava no comando e foi o responsável pelo que aconteceu. "John é um estrategista militar, ele pensa como um general, então tudo que a batalha final envolveu, das estacas punji [um tipo de estaca usada em armadilhas] até a estaca que atravessou Sven Ole Thorsen, veio de John. O truque para fazer essas coisas funcionarem é integrar a tecnologia com o que temos que fazer fisicamente com um ator."

No confronto final, um dos homens de Doom sofre uma queda íngreme em uma encosta repleta de estacas punji afiadas. Nas exibições de teste, ativistas pelos direitos dos animais protestaram, preocupados que o cavalo tivesse sido ferido ou morto. Eles questionaram como a cena foi realizada e Milius estava ansioso para esclarecer os fatos. "Nenhum animal foi ferido. Os únicos animais que foram feridos foram os Grandes Dinamarqueses. Os imensos escandinavos [do elenco] foram os únicos que se machucaram." Milius explicou que um dublê havia caído primeiro nas estacas punji, seguido pelo cavalo. Tanto o dublê quanto o cavalo saíram ilesos, pois as estacas punji eram feitas de espuma de borracha macia.

Milius também estava interessado em esclarecer que a violência em *Conan* estava de acordo com a história e que não era gratuita. "A violência é repugnante para mim, ela deprecia a vida humana. Uma coisa boa em Conan, comparado a outros personagens de quadrinhos, é que ele podia ser ferido. Conan era mortal. Não saía ileso dessas lutas, nem física nem mentalmente."

NESTA PÁGINA: O elenco principal realizou a maioria de suas cenas de ação na sequência da batalha final.

A MORTE DE DOOM

A gráfica decapitação final de Thulsa Doom foi filmada com James Earl Jones em posição na maior parte da ação. Schwarzenegger ensaiou cuidadosamente a cena, que foi filmada no topo da gigantesca escadaria do Templo da Montanha. Jones usou um equipamento que o protegia da orelha até o ombro, já que Schwarzenegger deveria golpear seu pescoço. Eles praticaram com leveza e foram avançando para movimentos mais pesados, até o que fosse suportável para Jones. A cena foi filmada com Schwarzenegger golpeando seu pescoço, então uma rápida edição substituía o ator por um boneco realista e uma cabeça cortada que Conan joga escada abaixo como se fosse uma bola. Por mais chocante que fosse, Jones acredita que a cena funcionou por causa do contexto do filme. "Thulsa Doom está no filme apenas como o elemento que o leva a sua busca por vingança. E até que Arnold se livre de Thulsa Doom, está concentrado apenas na vingança, que é tudo no que pensa. Ele não é um herói até ir além da vingança para matar a força do mal pelo mundo. Aí se torna um herói."

A fotografia principal acabou em maio de 1981 e, em um ato condizente com o tom do filme, a equipe de produção incendiou tanto o Vilarejo Cimério quanto o Templo de Set depois que as filmagens em cada um dos sets estavam encerradas.

NESTA PÁGINA: A cena final de Schwarzenegger e Jones. Um boneco de Jones leva o golpe da espada de Conan (à direita).

O MUNDO DE CONAN
MAQUETES E MINIATURAS

Construir grandes cenários era caro e John Milius não queria depender de efeitos ópticos compostos em laboratório e pinturas *matte* tradicionais. Em 1981, os efeitos visuais eram combinados em um laboratório de filmes, usando uma impressora óptica e resultando em uma espera de dias, semanas ou até meses antes que o diretor pudesse ver o filme composto. Se ele não gostasse do resultado, poderia ser tarde demais para mudar.

O uso hábil do trabalho de modelos em perspectiva forçada de Emilio Ruiz obteve a ilusão de tamanho e grandiosidade. Ruiz sabia que seu trabalho poderia ser visto e aprovado pelo visor da câmera. Seus conhecimentos foram usados por Stanley Kubrick em *Spartacus* (1960), Ray Harryhausen em *A Nova Viagem de Sinbad* (1973) e ele ainda trabalhou com David Lynch em *Duna* (1984) e Guillermo del Toro em *O Labirinto do Fauno* (2006). O trabalho com modelos de Ruiz aumentou o tamanho do cenário de Shadizar para o dobro de seu tamanho real. Ruiz fez oito miniaturas, incluindo um palácio de 1,2 metro de altura e uma representação da cidade inteira de Shadizar que cobria onze metros quadrados.

ACIMA, À DIREITA: Ruiz com uma de suas pinturas em vidro de *Conan, o Bárbaro*.

À DIREITA: Ruiz e equipe trabalhando em um modelo para *Conan, o Destruidor*.

ABAIXO: Ruiz e sua pintura em vidro para a Cidade Murada.

O MUNDO DE CONAN

MINIATURAS SOBREPOSTAS A PINTURAS MATTE

Até o inicio dos anos 1980, as pinturas *matte* já ajudavam, há 75 anos, os cineastas a adicionar novas paisagens e a estender os cenários com um baixo custo. Em *Conan*, o designer de produção Ron Cobb sentiu que era hora de romper com o passado para criar uma nova sensação de realismo para as cenas que precisavam de efeitos visuais. "Eu queria evitar as *mattes*. Mesmo se tivéssemos bons pintores de *matte*, John e eu queríamos evitá-los. Nós queríamos que tudo fosse real no filme." Era impossível construir a cidade inteira para o filme, então eles recorreram a Emilio Ruiz. "Ruiz, um criador de maquetes e profissional dos efeitos, nos convenceu a usar um método muito antigo de maquetes no primeiro plano. Sentimos que poderia ser a resposta. Nos comprometemos a fazer uma maquete da cidade inteira no primeiro plano, onde nós filmamos através da maquete e da paisagem natural além dela. Pronto. Foi emocionante quando vimos pela primeira vez pela lente da câmera. Como as distâncias focais entre a maquete e o fundo eram iguais, eles pareciam uma coisa só. Eu até peguei um ponto em particular da cidade que eu gostava mais e fiz um desenho bem detalhado do que queria lá. Ele construiu, nós armamos, adicionamos pessoas e ficou magnífico!"

CIDADE MINIATURA

O lado esquerdo da miniatura. Tinha um apoio horizontal e esses dois suportes diagonais de madeira eram apoios temporários, removidos durante a filmagem.

CIDADE MINIATURA

Jacinto Soria olhando através da câmera, alinhando a paisagem dos muros externos do set de *El Condor*.

CIDADE MINIATURA

O lado direito da miniatura. Um pequeno tronco de árvore foi usado para esconder o apoio deste lado.

CIDADE MINIATURA

A miniatura em primeiro plano e o set *El Condor* ao fundo. A câmera faz um movimento panorâmico horizontal seguindo Conan e Subotai, que estão se aproximando da cidade distante nesta cena. A filmagem foi feita com uma cabeça nodal para evitar o efeito de paralaxe que entregaria o truque e a escala da maquete no primeiro plano.

IMAGEM FINAL NO FILME

A imagem final mostra a composição perfeita da miniatura no filme.

O SET DE *EL CONDOR*

Jacinto Soria era um criador de maquetes e fazia parte da equipe de Emilio Ruiz. Ele tirou estas fotos no set. A maioria das filmagens nas ruas de Zamora foram feitas em Almeria, usando as ruínas da vasta fortaleza construída para o filme *El Condor* (1971). O imenso set permaneceu lá por muitos anos e foi usado em vários filmes. O departamento de arte fez diversas fachadas, criando diferentes formatos de ruas, enquanto outras cenas de rua foram filmadas em outras locações de Almeria.

A TORRE DO MURO DE *EL CONDOR*

Jacinto Soria em um dos sets construídos perto da fortaleza *El Condor*, onde Conan e Subotai encontram Valéria pela primeira vez. Uma torre de tamanho médio foi construída no primeiro plano. Várias torres foram criadas em diferentes escalas — Emilio Ruiz fez as pequenas para os planos longos, enquanto as miniaturas maiores foram usadas nas cenas noturnas.

CIDADE DISTANTE

Filmagem da miniatura com a equipe da segunda unidade. O operador de câmera é Julio Madruga e atrás dele está Emilio Ruiz. Dublês de corpo de Conan e Subotai estão prontos para correr em direção à cidade distante.

DUBLÊS DE CORPO

Jacinto Soria e os dublês de corpo. O de Conan era José Luis Ayestaran, um dublê que era também campeão espanhol de fisiculturismo.

PINTURA E MAQUETE

Uma mistura de pintura e modelo em miniatura. Os prédios e a Torre da Serpente são pequenas maquetes fixadas em um suporte horizontal de madeira. O suporte ficava escondido, mesclando a maquete com a paisagem. Ruiz usou um recorte fino de alumínio colado na frente do suporte. Ele pintou o alumínio como faria em um vidro de pintura, mostrando uma paisagem desértica que correspondia à verdadeira ao fundo.

VISTA DA CIDADE

A maquete em primeiro plano com alguns dos assistentes de Ruiz (da esquerda para a direita): Juan José Rico (pintor), Juan Crescenzio (carpinteiro) e Jacinto Soria (gesseiro). A câmera está instalada em uma cabeça nodal para fazer o movimento panorâmico vertical. O palácio do Rei Osric é visto aqui em uma maquete de escala menor.

MUROS EM MINIATURAS

O longo plano da cidade de Zamora foi filmado usando os muros da antiga fortaleza muçulmana de Almeria. A equipe de Emilio Ruiz construiu outra miniatura em primeiro plano que acrescentava a Torre da Serpente e o palácio do Rei Osric, com mais edificações no topo da montanha.

PALÁCIO DO REI OSRIC (DIA)

Esta miniatura foi criada para uma cena que foi cortada, de Conan e Subotai nos arredores da cidade de Zamora, planejando seu assalto à Torre da Serpente para roubar a joia. A equipe de Ruiz construiu a miniatura da cidade com o palácio de Osric e a Torre da Serpente.

MINIATURA DO PALÁCIO DO REI OSRIC

Jacinto Soria com a miniatura do palácio do Rei Osric e casas vizinha em Almeria.

PALÁCIO DO REI OSRIC (À NOITE)

A mesma miniatura para a cena noturna cortada.

PISCINA DA TORRE DA SERPENTE

Maquete da piscina e dos jardins da Torre da Serpente. Eles foram vistos na tela durante a fuga de Conan quando Subotai e Valéria pulam da torre para a piscina.

PINTURA EM VIDRO

Ruiz (de costas) pinta uma vista da Torre da Serpente à distância no vidro. Era para um plano de Conan e Subotai viajando em direção à cidade, que foi cortado.

TORRE DA SERPENTE

Jacinto Soria com a miniatura da Torre da Serpente. Todas as fotos de pintura em vidro e maquetes nestas páginas são cortesia de Domingo Lizcano.

O MUNDO DE CONAN
A MAQUETE DA RODA DA DOR

A Roda da Dor foi construída na locação, em tamanho real, e mostrou uma longa passagem do tempo em que o jovem Conan enfim se torna um adulto. A locação ficava em Soria, e as filmagens ocorreram durante a primavera, verão e outono. No entanto, ainda precisavam de um grande plano da Roda no inverno. Ruiz criou uma locação em miniatura com A Roda da Dor. "Acrescentamos neve à paisagem pintando-a em um copo e posicionando-o em frente à câmera com uma maquete da Roda da Dor." Ela não foi usada no filme. Pela primeira vez, fotografias raras são vistas aqui, para dar uma ideia da escala da intrincada maquete.

As miniaturas restantes foram filmadas nos arredores de Almeria. Eram vistas distantes dos vilarejos avistados por Conan em sua jornada, com a torre das serpentes ao longe. Infelizmente, três miniaturas pintadas (feitas com alumínio) de vilarejos afastados não entraram na versão final do filme.

O produtor Buzz Feitshans acredita que o trabalho de Ruiz foi fundamental para o sucesso do filme em criar um ambiente verossímil. De fato, muitas pessoas sequer notaram que era um efeito visual. "Ele foi um verdadeiro gênio. E não acho que ele tenha muito reconhecimento." Feitshans confirma que Milius também apreciava o imediatismo do trabalho de Ruiz. "O John entendeu. Assim que ele olhou pela câmera e viu a beleza das miniaturas, viu exatamente o que o público veria, não é como hoje, onde você tem uma tela azul e um ponto de interrogação a respeito do que vai aparecer ali no final." Através de sua empresa, The A-Team, Milius e Feitshans produziram a comédia da Segunda Guerra de Steven Spielberg *1941: Uma Guerra Muito Louca* (1979), em que eles tiveram uma perspectiva a respeito de filmar efeitos visuais. "Spielberg disse 'Jamais vou fazer outro filme onde eu não sei o que estou filmando.' Querendo dizer que ele não conseguia ver como ia ficar. Para o diretor é um mistério saber como o filme vai ficar no final."

Alguns dos trabalhos mais ambiciosos de Ruiz puderam ser vistos em *Duna* (1984). A produtora de *Conan*, Raffaella De Laurentiis trouxe Ruiz para *Duna* pois sabia que seu modo de trabalhar em *Conan* combinaria com a grande tela da ficção científica. De Laurentiis era fascinada pelo seu trabalho. "Ruiz concebeu o sistema no qual ele cortava o metal e pintava no vidro, mesclando tudo com a paisagem natural. Mas só poderia ser filmado em uma certa hora do dia quando as sombras apareciam de tal maneira que as maquetes podiam se mesclar com o fundo. Ele era um verdadeiro artista."

ABAIXO: Foto rara mostrando a maquete da sequência da Roda da Dor coberta de neve.

O MUNDO DE CONAN
MAQUETE DA SERPENTE

Uma das maquetes mais engenhosas criadas por Ruiz foi na cena da orgia no Templo de Set. Quando Thulsa Doom se transforma em uma serpente, ele é visto rastejando para dentro de um buraco na parede. Era um cenário em miniatura, com uma cobra muito menor do que o boneco usado para a cena da transformação. Ruiz explica, "Eu estava encarregado de fazer uma maquete, uma reprodução exata do trono para que pudéssemos usar uma cobra verdadeira para completar a cena da fuga. Para fazer isso, tive que escolher uma cobra que me daria a proporção de acordo com o personagem e assim estabelecer a escala para construir a maquete do trono."

ACIMA: A cobra menor segue seu rumo até um buraco de fuga.

ACIMA: A cobra animatrônica em tamanho real passa pela princesa adormecida.

O MUNDO DE CONAN
A COBRA GIGANTE

Durante a pré-produção do filme, uma abordagem em *stop motion* para a cobra foi discutida, mas o diretor John Milius queria que os atores reagissem a uma cobra verdadeira em tamanho real. Então o corpo animatrônico da cobra gigante foi construído na Inglaterra, nos Estúdios Bray e foi então transportado para a Espanha. Peter Voysey e Carlo de Marchis estavam na equipe principal e a eles se juntaram Colin Arthur, veterano dos filmes de Harryhausen, e George Gibbs, de *Flash Gordon* (1980). O modelo original tinha 11 metros de comprimento, 2,5 metros de diâmetro e uma cabeça de 76 centímetros. Elásticos sob o látex simulavam a pele, com todos os componentes mecânicos internos controlados por cabos. O movimento da cobra era suave e ameaçador — uma das tomadas mais eficientes foi um plano detalhe da íris criada por Colin Arthur. Ela se move quando uma gota do suor cai do rosto de Conan. "Aquilo foi feito na cobra flexível de brinquedo, apenas com um olho controlado por rádio em uma membrana que ficava atrás de um hemisfério de acrílico transparente. Isso criou um movimento que tinha uma aparência de escultura."

Carlo de Marchis trabalhou como criador de maquetes na produção de Dino De Laurentiis, *A Bíblia* (1966). Nos anos 1970, ele estava trabalhando com o lendário artista de efeitos especiais animatrônicos e vencedor de três Oscars, Carlo Rambaldi. De Marchis também trabalhou em *Alien, o 8º Passageiro*, no qual conheceu Nick Allder. De Marchis relembra dos desafios da cobra gigante de *Conan*. "Nick Allder criou os mecanismos e eu a vesti. Fiz a pele e os dentes. Não funcionou muito bem. Era pesada demais. Falei para o Nick que ele tinha que fazê-la mais leve, mas, com todos os mecanismos hidráulicos, era complicado, e no fim, Arnold teve que ajudar bastante. Uma cópia da cobra sem os mecanismos internos foi feita e era mais leve, e Schwarzenegger conseguia movê-la com mais facilidade para tomadas curtas."

Os cenários principais do filme foram filmados em um armazém industrial em Fuenlabrada, na estrada entre Madri e Toledo, a alguns quilômetros da capital. Entre eles, estava o palácio de Thulsa Doom, onde o tirano organizava orgias e onde sacrifícios eram realizados para a grande serpente. Colin Arthur, ao visitar o cenário e ver a cobra, percebeu que a equipe tivera dificuldades com seu movimento e em criar uma textura de pele realista. "Após observar o problema e ver como estavam fazendo tão errado, ousei sugerir, 'Vocês não vão acabar a tempo. Isto não está bem montado.'" Arthur também estava preocupado que Schwarzenegger poderia danificar a cobra. "Pensei em Arnold e em sua força. Ele poderia partir a cobra ao meio." Então Arthur encheu os moldes da cobra gigante original com látex e espuma de poliuretano e fez uma imensa

ACIMA: A equipe de Allder prepara a cobra para um close-up.
À ESQUERDA: Nick Allder com a impressionante cobra animatrônica gigante. Fotos cortesia de Alban de Vestel.

cobra de "brinquedo". Esta cobra veio de carrinho. "A cobra primitiva foi usada na primeira tomada e, como esperado, Arnold a partiu ao meio."

De Marchis era responsável pela transformação de Thulsa Doom em uma cobra. Foi feito um molde do ator James Earl Jones, e uma metamorfose muito mais ambiciosa do que a vista nas telas estava planejada. Uma réplica da cabeça foi criada com uma estrutura de fibra de vidro e poliéster e coberta por uma fina pele de espuma de látex. De dentro da cabeça, a pele do rosto foi empurrada com um pedaço de gesso que Peter Voysey moldara previamente no formato de uma cobra. O plano era distorcer a pele de Thulsa Doom à medida que toma a forma de uma cobra. Outra cabeça foi produzida como um estágio intermediário entre a transformação e a cabeça final de cobra, mas o resultado final não foi realista o suficiente e a cena corta diretamente para a cabeça de cobra completa após alguns segundos de deformação do rosto. A cobra de Thulsa Doom foi um grande sucesso, em grande parte devido ao controle fino de seus cabos e pistões hidráulicos. Até mesmo uma língua bífida retrátil foi providenciada para dar mais realismo.

De Marchis explica como ele criou as menores cobras do filme também. "Tínhamos que fazer pequenos efeitos também, como a flecha-cobra que Thulsa Doom dispara em Valéria. Uma cobra falsa de látex foi construída com uma estrutura interna de pequenas peças ligadas internamente por um fio. Quando a cauda da cobra era puxada, a mão do ator estava montando a estrutura interna, com o fio dando rigidez à flecha."

O MUNDO DE CONAN 141

A cena da cozinha exigia uma série de corpos mutilados que ficavam pendurados em um grande açougue, a antessala do palácio. As réplicas de corpos criadas por Colin Arthur foram consideradas realistas demais quando foram vistas pela primeira vez no set e iriam causar problemas com os censores mais tarde. Esse seria um problema recorrente durante o processo de edição do filme à medida que os produtores faziam múltiplos pedidos aos censores para tentar manter o máximo de violência possível no filme. Arthur explica as tentativas que foram feitas para limitar as imagens gráficas: "Os corpos estavam mostrando sangue demais. Eles tinham que ser iluminados com luz vermelha para suavizar ligeiramente o efeito. Havia pedaços de corpos e mãos, alguns dos quais aparecem depois na sopa do grande caldeirão da orgia."

ABAIXO: A paleta avermelhada acrescenta tensão à cena da cozinha canibal.

O MUNDO DE CONAN
AS LUTAS DE ESPADAS

Colin Arthur também foi chamado para resolver um problema do filme que não estava associado às suas criações mágicas ou de outro mundo. Quando a atriz que interpreta Valéria, Sandahl Bergman, quase perdeu um dedo durante uma cena de luta de espadas, Arthur criou uma engenhosa solução para protegê-la e também o resto do elenco. Ele usou empunhaduras de espadas de Toledo, com cabos de aço e espuma de borracha, revestidos com filme e moldados na forma de espada. Estas eram leves e de aparência rígida, mas se curvavam e retorciam quando pressionadas. Foram criadas para o elenco usar na maior parte da filmagem restante. "Eu usava fita de edição, que era dez vezes mais forte que fita adesiva comum, e colava as bordas do filme com um pouco de espuma. Eu amarrava com um pedaço de corda de piano para manter tudo unido. Muito do filme foi filmado com as minhas espadas. O departamento de efeitos especiais assumiu a fabricação, já que as espadas eram frágeis e só duravam algumas tomadas antes que fosse necessário reparar suas lâminas. Quando você tem algo que é relativamente leve e não é mecânico, ninguém vai se machucar com ele porque não há metal."

O MUNDO DE CONAN
O BONECO DO ABUTRE

Um abutre animatrônico foi criado para a crucificação de Conan. De Marchis e o assistente Giuseppe Tortora (um antigo assistente de Rambaldi) construíram o animatrônico da cabeça e pescoço do abutre, que foi coberto com penas reais da ave. Giuseppe Tortora operou o abutre por detrás da Árvore da Aflição, com cabos para simular a ação das bicadas no rosto de Conan. De Machis ficou tão satisfeito com o resultado que um mito nasceu da sequência. "O efeito é totalmente realista e convincente. Na verdade, há uma informação falsa circulando na internet de que um abutre de verdade foi usado nesta cena."

NESTA PÁGINA: Um simples, porém eficiente, boneco de mão, combinado com a atuação de Schwarzenegger, fez a cena da Árvore da Aflição funcionar.

O MUNDO DE CONAN
CABEÇAS ROLANDO

De Marchis seria responsável por várias cenas de decapitação, que precisavam de efeitos de sangue e movimentos animatrônicos. Moldes inteiros foram feitos dos atores William Smith e Nadiuska, que interpretam os pais de Conan na sequência de abertura do ataque ao vilarejo. A réplica da cabeça de Nadiuska possuía olhos controlados por fios e movimentos de boca. John Milius filmou várias cenas no chão com os olhos e a boca se mexendo, mas foram consideradas gráficas demais para serem incluídas na versão final. De Marchis criou as cabeças cortadas dos guardas e as encaixou com tubos para permitir que o sangue jorrasse de seus pescoços.

Para a cena final do filme, De Marchis fez uma nova cabeça de Thulsa Doom com movimento na mandíbula. Quando Doom recebe o golpe no pescoço e solta os primeiros jorros de sangue, uma mola, que mantinha a mandíbula fechada para que ela se abrisse mais tarde, foi liberada, criando um efeito realista. Rolar a cabeça de Doom pelos 120 degraus do templo também foi um desafio — vários testes sem sucesso foram feitos, pois a cabeça não ia longe o bastante. A seguir, De Marchis colocou mais peso na parte interna, mas o efeito não era convincente, e parava cedo demais em cada tomada. Finalmente, uma solução foi encontrada ao se colocar um saco cheio de água no interior da cabeça. O movimento do líquido no saco fazia a cabeça cair e rolar naturalmente escada abaixo.

ACIMA: A cabeça animatrônica não usada para a decapitação da mãe de Conan, interpretada por Nadiuska.

À ESQUERDA: O diretor John Milius com a réplica da cabeça do ator William Smith.

O MUNDO DE CONAN 145

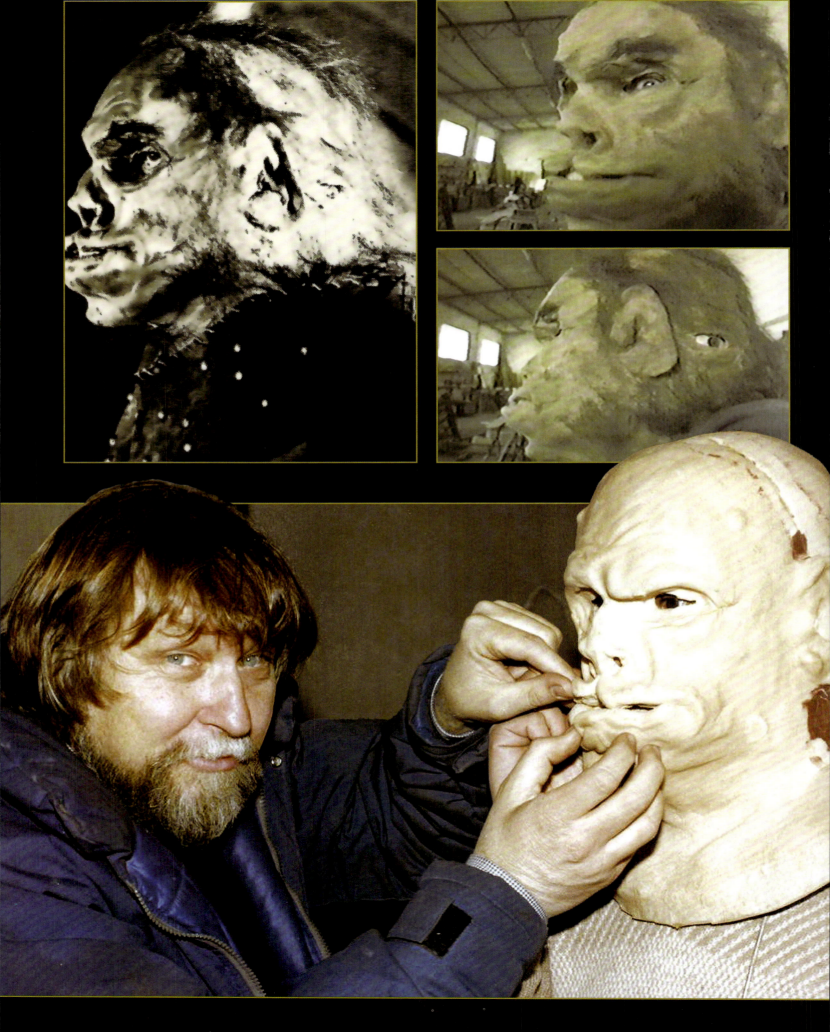

O MUNDO DE CONAN
MONSTROS AUSENTES

De Marchis também fez diversas maquiagens que foram cortadas na sala de edição. A versão final do filme tinha 2h10, o que era incomum para um filme de estúdio no início dos anos 1980. A maioria dos cinemas e estúdios preferiam filmes com menos de 100 minutos. Era para uma fera de três olhos (o dublê espanhol José María Chinchilla sob uma máscara criada por De Marchis) ter enfrentado Conan, Subotai e Valéria antes de eles entrarem na Torre da Serpente. Após fugirem do templo de Thulsa Doom, Valéria originalmente deveria enfrentar dois guerreiros neandertais. De Marchis fez as máscaras para esses personagens de aparência pré-história (que mal apareceram na tela), com a maquiagem aplicada pelo maquiador José Antonio Sánchez.

NA PÁGINA OPOSTA: Ron Cobb ajustando a máscara do guerreiro neandertal.

ABAIXO: A versão final do homem de Neandertal está pronta para a filmagem. Todas as imagens são cortesia de Domingo Lizcano.

O MUNDO DE CONAN
EFEITOS VISUAIS

John Milius estava determinado de que *Conan* não seria um filme de efeitos especiais com imagens complicadas e comprometidas. Em vez disso, ele quis que a história e o drama fossem fundamentais para o sucesso do filme. O uso de locações em miniatura com Emilio Ruiz se provou altamente eficiente em "esconder" o uso de cinematografia complexa. No entanto, para a ressurreição de Conan, seria necessário o emprego de alguns efeitos ópticos. A Industrial Light and Magic de George Lucas criou a tempestade de nuvens em movimento, enquanto a Visual Concepts Engineering (VCE) recebeu a tarefa de criar os demônios.

Peter Kuran, da VCE, já havia criado os efeitos fantasmagóricos para a cena final de *Os Caçadores da Arca Perdida* (1981) e em *O Dragão e o Feiticeiro* (1981). A primeira tentativa de Kuran para os demônios de *Conan* envolveu um processo químico com a tomada do filme na locação, na qual a emulsão no filme foi removida e outros compostos químicos foram adicionados. A seguir, uma impressora óptica de dois cabeçotes fez a composição da gravação ao vivo e das novas imagens de "fantasmas". Os resultados finais, no entanto, foram considerados próximos demais aos fantasmas de *Os Caçadores da Arca Perdida*, então uma nova abordagem se fez necessária. Kuran mudou de direção e animou os espíritos que lutam com Valéria e Subotai pela alma de Conan. Uma vez desenhados, as figuras eram filmadas na mesa de animação Oxberry e ajustadas com uma lente mais antiga para permitir a ocorrência de *flares* de luz para intensificar a sensação de realidade dos fantasmas animados.

A equipe da VCE também acrescentou uma animação sutil à gravação ao vivo, incluindo um reflexo no olho da cobra gigante e a luz reluzente na armadura de valquíria de Valéria. Infelizmente, algumas das animações da VCE (como as chamas da pira funerária de Valéria) não entraram na versão final do filme. No entanto, elas foram restauradas em versões posteriores do filme.

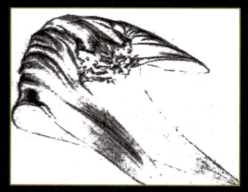  

ACIMA: Len Morganti, da VCE, criou estes esboços conceituais.

ABAIXO: Composição final dos efeitos.

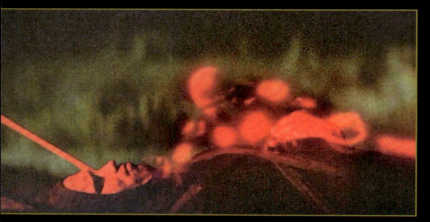

O MUNDO DE CONAN
PINTURAS MATTE

A pesar da vontade de John Milius de não incluir pinturas *matte* em vidro no filme, uma tomada foi inevitável. Para a cena final, foi necessária uma tomada de Conan se afastando dos degraus em chamas do Templo de Set e entrando em um vale. Emilio Ruiz descreve como pediram para que ele criasse a pintura, a fim de cobrir tubulações modernas na paisagem. "No pé da montanha, podíamos ver os plásticos que cobriam o novo sistema de irrigação que pertencia ao vilarejo. Tínhamos que eliminar os elementos indesejados através do vidro pintado."

Durante a pós-produção do filme, Dino De Laurentiis solicitou a Jim Danforth, animador e pintor de *matte* indicado duas vezes ao Oscar, para substituir a pintura de Emilio Ruiz. "Quando recebi a filmagem para esta cena, ela parecia já ser, em parte, uma pintura. Um negativo original 'in loco', filmado com a pintura em lata ou compensado." Não foi dito a Danforth o que tinha de errado com a pintura. "Eu refiz o vale pintado, que suponho ter sido criado por Emilio Ruiz, e acrescentei um céu verdadeiro, o qual filmei em *widescreen* anamórfico, depois de uma tempestade. Eu sobrepus raios de sol sintéticos em movimento para iluminar o vale até uma longa distância." Embora esta cena não apareça nas cópias americanas do filme, ela estava em cópias europeias, que foram eliminadas posteriormente.

DIREITA: Pinturas *matte* de Jim Danforth como vistas no final do filme.
ABAIXO: Imagem do teste de Danforth antes de acrescentar os raios de sol no vale.

O MUNDO DE CONAN 149

PÓS-PRODUÇÃO
EDITANDO CONAN

Conan foi filmado em filme Kodak 35 mm [filme Eastman Color Negative II 100T 5247/7247] usando a câmera Arriflex BL e lentes Todd-AO. Duke Callaghan foi o diretor de fotografia e a proporção de tela foi de 2.39:1 anamórfico. Milhares de metros de filme foram usados e com o som gravado separadamente em fita magnética, esses dois elementos precisavam ser sincronizados regularmente para a exibição dos copiões do dia. Mantê-los em ordem coube a María Luisa Pino (creditada como Marisa Del Pino). Ela era casada com o artista de efeitos especiais Colin Arthur, que havia feito a sua mágica na cobra gigante e na cozinha canibal. Pino e Arthur já haviam trabalhado juntos nos clássicos de Ray Harryhausen *A Nova Viagem de Sinbad* (1974), *Simbad e o Olho do Tigre* (1977) e *Fúria de Titãs* (1981).

O trabalho de Pino começou em Madri e então foi para Almeria e Los Angeles para finalizar a edição. Ela estava fascinada com o que estava vendo. "A sequência filmada em Almeria, do incêndio no altar de Thulsa Doom, foi a mais impressionante. Nunca vi tanto filme para a mesma sequência. Os chefes de edição que tiveram que lidar com essa quantidade imensa de filme até me disseram para esconder rolos inteiros de filme com ações repetidas, filmadas de numerosos ângulos, porque eles pesavam e eram desnecessários. Ninguém deu por falta."

O exterior do templo de Thulsa Doom foi filmado em Almeria. "Pudemos ver a construção do templo passo a passo, e foi magnífico. Filmaram por vários dias neste lugar e a quantidade de filme que estava se acumulando na edição, só deste set, era imensa, e chegou um momento em que quase não tínhamos espaço para guardar tantas caixas cheias de celuloide."

"Na noite em que o templo foi incendiado, fomos ver a filmagem. Colocaram câmeras por todos os lados. Tinham que cobrir todos os pontos de vista possíveis, de todas as maneiras, porque uma vez que o fogo começasse, não haveria volta, e o que foi filmado é o que teríamos. Não haveria uma segunda chance! Havia medo ao filmar coisas difíceis. Medo de que o vento soprasse as chamas, de que houvesse acidentes e de que o fogo não fosse 'bonito', do ponto de vista cinematográfico. John Milius disse 'Ação' e ficamos todos maravilhados. Os seguidores de Thulsa Doom começaram a fugir em pânico. As chamas percorreram o caminho desejado até o topo do templo, como planejado. Então, nós, que estávamos assistindo a cena, suspiramos aliviados. Cerca de 20 milhões de pesetas foram reduzidas a cinzas em poucos minutos."

Pino tem clareza sobre qual é a força criativa principal, assim que o filme passa pela câmera. "Em filmes como este, o verdadeiro autor não é o diretor, para mim, o herói é o editor. Neste caso, Tim O'Meara e [o não creditado] Stanford Allen." O diretor do filme estava ocupado demais com a filmagem para colaborar muito com os editores, mas ele olhava os copiões diários quando podia. "John Milius não ficava muito na sala de edição. Milius estava ocupado demais filmando. Mas eu devo dizer que, em geral, em qualquer filme, a sala de edição começa a receber o diretor depois que a

152 CONAN, O BÁRBARO – A HISTÓRIA OFICIAL DO FILME

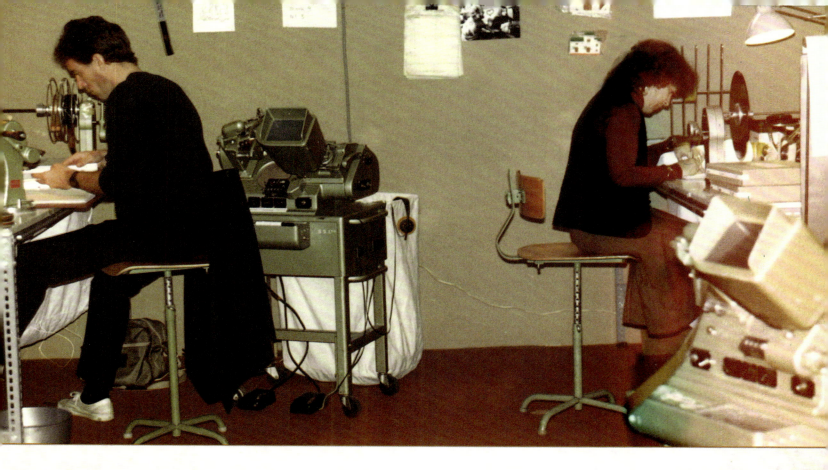

filmagem acaba. Então é mais um 'olá' quando estamos vendo cópias todos os dias."

Pino também recebia várias visitas do astro emergente Arnold Schwarzenegger. "Ele vinha nos visitar e perguntar como estava indo, e via coisas na Moviola. Ele sempre foi bem recebido por nós, era um cara muito simpático e, para o meu espanto, não tinha aquele olhar bruto que se pensa ser o denominador comum para alguém tão dedicado aos seus músculos. Pelo contrário, seus olhos brilhavam com inteligência, o que eu não esperava."

Assim que a filmagem terminou e a produção inteira se mudou para a América, John Milius quis ter mais controle da edição, mas não foi o que aconteceu. "Quando chegamos em Los Angeles, e a filmagem estava encerrada, John Milius começou a aparecer regularmente para dar sua opinião," disse Pino. "Para começar, um diretor não descarta muito. O filme é o seu 'bebê', e tudo está ótimo, então sequências inteiras eram editadas do começo ao fim, mesmo que fossem longas, e ele sabia que seriam cortadas no final."

Uma montagem de cenas chave já havia sido feita e Pino relembra que a maioria das discussões era entre Milius e o editor principal, C. Timothy O'Meara. "Milius veio à sala de edição por não mais de quatro semanas, então seu contrato com Dino De Laurentiis estava concluído e ele não podia voltar mais. Então ele disse 'tchau' num sábado e na segunda, De Laurentiis assumiu. Ele se sentou à Moviola, e começou a guiar o navio."

Editar *Conan* foi um trabalho muito maior do que o normal devido à vasta quantidade de material gravado. "Milius filmou demais. Havia centenas de metros de qualquer sequência, filmada com várias câmeras simultaneamente, com diferentes ângulos e lentes. Tínhamos quantidades tão grandes de filme duplicados que costumávamos escondê-los para não perder tempo olhando várias vezes o mesmo material." Se John Milius tivesse feito como queria, o filme poderia ter perto de três horas de duração. De Laurentiis era muito mais prático e menos conectado emocionalmente ao material. "Na versão final havia muitas, muitas cenas em que De Laurentiis disse 'CORTA! CORTA! CORTA!'"

ACIMA: Sala de edição em Almeria, com os editores assistentes Fred e Marisa Pino.

ABAIXO: Rafaela Andujar (editora-assistente) e Pino; Antonio Garcia (mecânico de Moviola) Pino e Rafaela Andujar (mais abaixo).

NA PÁGINA OPOSTA: Pino e Andujar no set da Montanha do Poder e com a equipe no almoço.

PÓS-PRODUÇÃO 153

PÓS-PRODUÇÃO
TRILHA SONORA

John Milius recrutou seu amigo de universidade Basil Poledouris para criar a trilha sonora. Milius concebeu *Conan* como uma ópera, com pouco ou nenhum diálogo. Esta foi a primeira trilha sonora orquestral em grande escala de Poledouris e ele compôs mais de 2 horas de música. Empregando uma orquestra com 90 integrantes e um coral com 24 vozes, as 24 faixas de efeitos sonoros, música e diálogos foram mixadas em um único canal, fazendo de *Conan, o Bárbaro*, o último filme lançado por um grande estúdio com uma trilha sonora mono. O produtor Buzz Feitshans revela um plano mais amplo para a trilha sonora do filme. "John queria que Basil fizesse a trilha sonora desde o início e nós discutimos com Dino e outras pessoas a respeito de Ennio Morricone fazer a trilha. Mas John insistiu que era algo que Basil poderia fazer."

Conan foi uma plataforma de lançamento para Poledouris, que fez a trilha sonora de vários filmes de ação, incluindo *Robocop: O Policial do Futuro* (1987) e *A Caçada ao Outubro Vermelho* (1990). O ponto forte de Poledouris era sua habilidade em encontrar o centro emocional de um projeto — ele estudou piano aos 7 anos e originalmente queria ser um pianista de concerto. Ele se matriculou na USC com uma turma de graduandos que incluía George Lucas, John Milius e Randal Kleiser e sua primeira grande trilha sonora encomendada foi para o filme de surfe de Milius, *Amargo Reencontro*, em 1978.

Apesar do controle de John Milius sobre todos os aspectos criativos do filme, ele permitiu a seu amigo Poledouris encontrar os temas principais do filme sem interferências. Ainda assim, ele queria algo com ele nas filmagens, para inspirá-lo e ter o coração musical da produção em sua mente. A composição da trilha sonora tipicamente acontece após o término das filmagens e durante a edição. Milius sabia o quão crucial a música seria, e queria que seu amigo começasse o quanto antes. Com algumas artes de produção e storyboards para referência, Poledouris assumiu a enorme tarefa. "Do momento em que fui escolhido para escrever a música de *Conan* até a gravação, levou provavelmente 1 ano. John partiu para a Espanha para começar a filmar. Ele me pediu para desenvolver vários conceitos temáticos para o filme. Então ele tinha os quatro temas principais do filme, que tirou quando começou a filmar."

Poledouris foi o primeiro grande compositor de trilhas a usar o Musync, um sistema computadorizado de sincronização e edição de música criado por Robert Randles, indicado a um Oscar de Realização Científica (1982). Para a sequência da Roda da Dor, Poledouris pediu a Randles para montar por telefone um longo *accelerando* (uma peça musical que aumenta gradualmente de velocidade) que se encaixava com precisão nas indicações de ação

ACIMA: John Milius com Basil Poledouris durante as gravações.
PÁGINA OPOSTA: Disco de vinil original da trilha sonora, lançado em 1982.

154 CONAN, O BÁRBARO – A HISTÓRIA OFICIAL DO FILME

na tela. Fazer esses ajustes de tempo com uma orquestra de 90 músicos teria sido muito mais difícil.

Poledouris viajou para as filmagens na Espanha diversas vezes durante a produção. Assim que a filmagem estava finalizada, Milius enviou duas cópias do filme: uma sem música, e outra com trilhas provisórias, que incluíam Wagner, Stravinsky e Prokofiev. Diretores fazem isto para articular para o compositor seus desejos musicais. No entanto, pode ser difícil para um compositor interpretar e os diretores podem ficar presos às escolhas da trilha provisória. Por exemplo, para o ataque ao vilarejo dos pais de Conan durante as cenas iniciais do filme, Milius queria usar um refrão baseado em Carmina Burana de Carl Orff para sinalizar a primeira aparição de Thulsa Doom e seus guerreiros. Infelizmente, *Excalibur* (1981) de John Boorman, já a havia usado, então Milius pediu a Poledouris que escrevesse uma peça inspirada nela, com uma presença robusta do coral.

As trilhas provisórias não inspiraram Poledouris — na verdade, em grande parte, elas fizeram o oposto. "Uma trilha provisória parece que é um filme finalizado, e quando você sente que é apenas efeitos sonoros e diálogo, você percebe o tanto de trabalho que tem pela frente." As escolhas feitas por Milius, de grandes clássicos da música mundial, também intimidaram o compositor.

"Não é fácil ter as pegadas de tantos gigantes da música atrás de você. John escreveu seu roteiro com uma música em particular na cabeça, e não é fácil estar à altura disso. Eu terminava uma indicação e pensava, 'Será que está tão bom quanto Stravinsky?' E eu tinha que dizer, 'Não, não está.'"

Criar uma trilha sonora envolvente, que não tenha associação com um estilo musical histórico, foi o maior desafio para Poledouris. "Você está lidando com a pré-história. John concebeu *Conan* ocorrendo 10 mil anos antes da história registrada, então o que

PÓS-PRODUÇÃO 155

156 CONAN, O BÁRBARO – A HISTÓRIA OFICIAL DO FILME

isso significa musicalmente?" Poledouris experimentou com instrumentos antigos, mas isso não parecia certo. O filme precisava de um estilo pré-medieval. Milius queria que a trilha sonora fosse operística. Havia pouco diálogo nos primeiros 30 minutos do filme e a música era necessária para levar o drama adiante. "Para a sequência da Roda da Dor, eu sabia que deveríamos incorporar muitos sons metálicos e tentar obter uma sensação estranha de outro mundo. Tínhamos algumas correntes e incorporamos um gongo chinês feito de metais preciosos. Pegamos uma baqueta de triângulo e literalmente fizemos o percussionista arrastá-la por essa coisa. Então, quando ele atingia as bordas dessas coisas, fazia esse som de raspagem. E esse foi o som do raspar."

Criar um tema central para o filme foi crucial para sua identidade musical. "O primeiro tema que John e eu desenvolvemos foi chamado de O Enigma do Aço, que se tornou o tema principal do filme. Era o tema de guerra de Conan, era o pai passando sua espada para seu filho, e se tornou a cola mitológica que juntou todas as sequências."

Poledouris gravou e conduziu a trilha sonora em novembro de 1981, durante um período de três semanas em Roma, com uma orquestra de 90 músicos da Orquestra Sinfônica Nacional da RAI e um coro de 24 membros da Accademia Nazionale di Santa Cecilia. Apesar da presença de um conjunto tão grande, os grandes e arrebatadores sons que ele criou também eram reduzidos quando a cena assim exigia. "Há algo na pira funerária que eu acho eloquente. É uma das peças menores do filme em termos do tamanho da orquestra. E acho que por causa disso, há uma economia de força. Mas também há uma qualidade estridente nela porque eu preciso de menos instrumentos para fazer muito mais." Poledouris baseou essa música em um sonho vívido que teve na noite anterior. "Eu também tive um sonho. Minha esposa e minhas duas filhas tinham ido para Florença na noite anterior, e sonhei que elas tinham morrido. E eu tinha essa imagem completa da morte em uma figura encapuzada com cordas no lugar do rosto, e consigo lembrar de cada detalhe vividamente. Eu a escrevi na manhã seguinte."

O filme tinha uma mixagem de som complexa de 24 faixas, incluindo diálogos e vários elementos de efeitos sonoros. A mixagem para o filme era mono de uma única faixa, embora Poledouris tenha argumentado a favor de uma trilha sonora estéreo e até tenha criado uma demonstração. "Nós mixamos o primeiro rolo em estéreo para mostrar aos produtores como deveria soar quando, de repente, aqueles cavaleiros passam correndo pela neve. Você sente o terror daqueles cascos trovejando pela neve, com os tambores e cânticos. O som funciona em um nível visceral, ressuscitando memórias primitivas de medo", disse Poledouris ao autor David Morgan em seu livro Knowing the Score [sem publicação no Brasil]. Poledouris contou que "De Laurentiis hesitou com o custo (30 mil dólares) de uma trilha sonora estéreo e estava preocupado com a falta de cinemas equipados com sistemas de som estéreo na época".

Embora a mixagem final de som para o filme fosse em mono, a trilha sonora original foi gravada e preservada em estéreo. Um lançamento comercial da trilha sonora foi feito em vinil e cassete em 1982 pela MCA, e ao longo dos anos houve várias reedições. Em 2012, a Intrada Records lançou um luxuoso conjunto de três CDs contendo todas as faixas gravadas em Roma — que se pensava estarem perdidas desde a gravação, até mesmo por Poledouris. Elas foram encontradas nos arquivos da Universal Pictures em fita magnética masters de sessão em estéreo de 2" com 24 faixas e 1/2" com 3 faixas em perfeito estado (incluindo ensaios) Em 2018, a Milan Records lançou um LP duplo em vinil com uma nova arte de capa.

Poledouris retornou para a continuação Conan, o Destruidor, adaptando seus temas do primeiro filme. Milius foi leal a Poledouris e pediu que fizesse a trilha de todos os seus filmes subsequentes: Amanhecer Violento (1984), Uma Vida de Rei (1989) e Intruder A-6: Um Voo Para O Inferno (1991). Basil Poledouris faleceu em 2006, aos 61 anos.

PÁGINA AO LADO: Conjunto épico de três CDs da Intrada Records da trilha sonora expandida de 2012.

ABAIXO: Relançamento da Milan Music em disco de vinil em 2018.

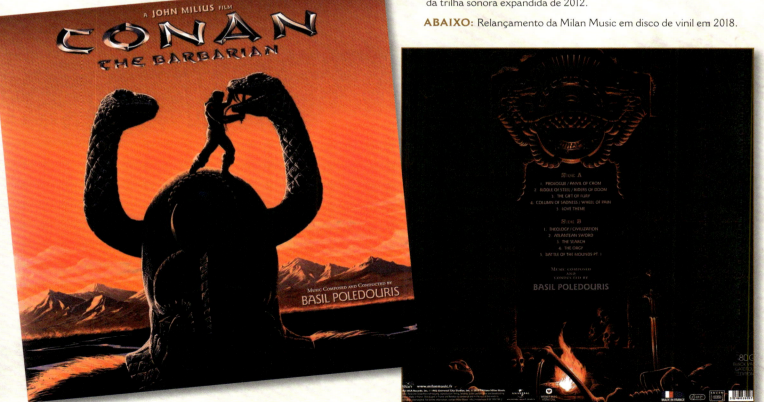

PÓS-PRODUÇÃO 57

PÓS-PRODUÇÃO
A ARTE DO PÔSTER

As artes de capa de *Conan* mantiveram as histórias do cimério vivas desde sua estreia na *Weird Tales* em 1932. Desde então, de quadrinhos a romances, o manto de retratá-lo foi entregue não oficialmente a Frank Frazetta. Apesar de o envolvimento de Frazetta na versão inicial do roteiro de Oliver Stone não ter se concretizado, seu estilo gótico e suas representações de brutalidade selvagem influenciaram a arte dos cartazes do filme.

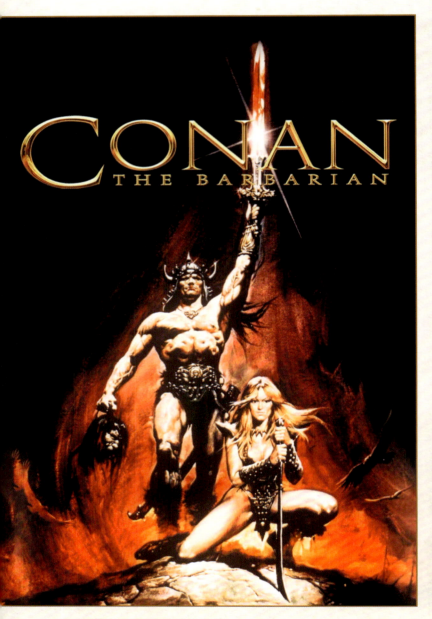

RENATO CASARO

Para *Conan*, o artista italiano Renato Casaro foi chamado novamente por Dino De Laurentiis (após seu trabalho em *Flash Gordon*, de 1980) para dar vida a outro personagem dos quadrinhos. Seu trabalho, desta vez, incluiu artes conceituais para cenas que nâo foram incluídas na versão final do filme.

Casaro visitou a locação na Espanha e tirou fotos do set na locação em Almeria. Ele criou muitos cartazes conceituais que não foram vistos pelo público. Aqui também podem ser vistos os cartazes pintados por Casaro para a continuação de *Conan* (então chamado apenas de *Conan 2*). Suas obras não foram usadas e,

158   CONAN, O BÁRBARO – A HISTÓRIA OFICIAL DO FILME

PÁGINA OPOSTA: O cartaz da 'decapitação' foi rejeitado por Dino De Laurentiis por ser pesado demais.

NESTA PÁGINA: Ilustrações não utilizadas de Casaro.

PÓS-PRODUÇÃO 159

NESTA PÁGINA: Casaro experimentou muitas variantes de poses e estilo antes da imagem final aprovada. Nenhuma destas lindas obras de arte jamais foi usada.

NA PÁGINA AO LADO: Arte não utilizada de Renato Casaro para a continuação de *Conan*.

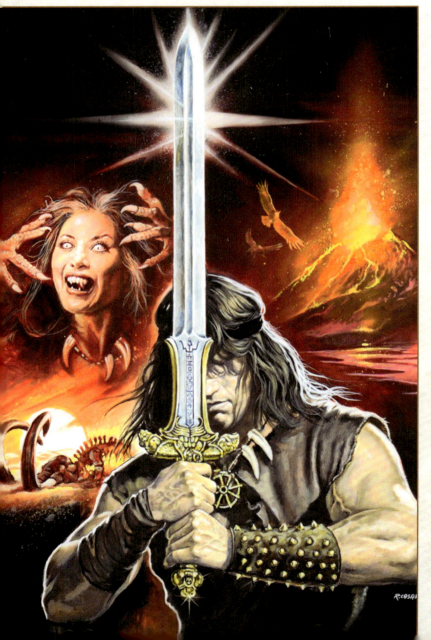

na continuação em 1984, o cartaz do artista Chris Dellorco se tornou a imagem de lançamento para o filme. Para *Conan*, Casaro foi contratado diretamente por Dino De Laurentiis, e já estava familiarizado com o personagem. De Laurentiis aparentemente confiava muito em seu trabalho. "Primeiro mostrei muitos esboços para Dino e desses ele pessoalmente aprovou um. Então eu sabia que poderia começar a trabalhar na arte principal." A observação mais importante de Dino a Casaro dizia respeito à proeminência de seu novo astro. "Dino De Laurentiis insistiu que eu deveria tornar Arnold Schwarzenegger muito reconhecível e que precisava criar um efeito 'vice-versa' de que Conan era Schwarzenegger e que Schwarzenegger era Conan."

Casaro não se sentiu pressionado a emular a arte icônica de Frazetta, mas admitiu "adorar seu trabalho". Não há nudez na imagem do cartaz ou representações gráficas de violência. Originalmente, Casaro havia feito Conan segurando um crânio ensanguentado em sua mão direita, que foi removida, já que o departamento de marketing da Universal teria dificuldades em exibir o cartaz com essa imagem.

À DIREITA: A arte do cartaz para a continuação, *Conan, o Destruidor* (1984). À esquerda, temos a arte de Chris Dellorco e, à direita, uma montagem feita pelo estúdio.

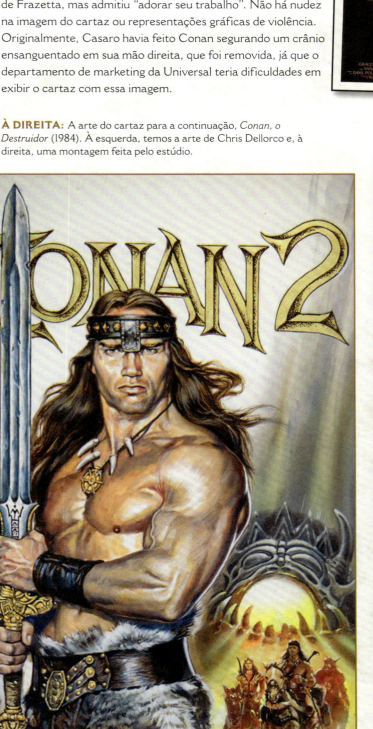

FRANK FRAZETTA

Inicialmente, Frank Frazetta havia discutido com Ed Pressman e Oliver Stone sobre ele ser o designer de produção do filme antes de Ron Cobb embarcar. A imagem de seu cartaz é tirada de uma pintura intitulada *Conan, o Aventureiro*, encomendada para a antologia de quatro histórias de Robert E. Howard publicada pela Lancer Books em 1966. Aqui, a imagem foi usada como arte de pré-lançamento e foi vista em jornais do meio, como o *Variety* e o *Hollywood Reporter*.

SEITO

O artista japonês Seito criou cartazes estilizados dos filmes de Hollywood para o público japonês. Suas obras mais conhecidas incluem *Corrida da Morte - Ano 2000* (1975) e o cartaz para o lançamento japonês de *Star Wars* (1977). O artista contemporâneo Matt Ferguson aponta Seito como uma de suas influências.

RON COBB

Enquanto contribuía para o design de produção em grandes filmes como *Dark Star* (1973), *Alien, o 8º Passageiro* (1979), *Contatos Imediatos do Terceiro Grau* (1977), *De Volta Para o Futuro* (1985), *Aliens, o Resgate* (1986), *O Segredo do Abismo* (1988), *O Vingador do Futuro* (1990), *True Lies* (1994), *O 6º Dia* (2000), *Firefly* (2002) e *Southland Tales - O Fim do Mundo* (2006), Ron Cobb também queria contribuir para o mundo da arte dos cartazes de filmes. O trabalho de Cobb captura vividamente o visual de Schwarzenegger e Sandahl Bergman, mas carece do impacto visual necessário para funcionar como cartaz.

BORIS VALLEJO
Cartaz não utilizado de *Conan, o Bárbaro* (1982) por Boris Vallejo.

PÓS-PRODUÇÃO
O CONAN PERDIDO

John Milius concebeu uma trilogia de filmes baseada na espada de Conan. Esses planos mudaram quando uma continuação mais adequada para toda a família, *Conan, o Destruidor*, foi produzida em 1984. A carreira de Schwarzenegger havia alcançado um megaestrelato com seu papel em *O Exterminador do Futuro* no mesmo ano, e, com seu contrato com De Laurentiis chegando ao fim, era hora de seguirem caminhos separados. Milius também se separou de De Laurentiis, os dois não voltaram a trabalhar juntos. Raffaella De Laurentiis explica a recusa de Milius em retornar para a continuação. "A grande questão era que o primeiro filme era muito violento e a Universal Pictures queria atrair o público mais jovem, então eles queriam um filme mais suave e atraente para as crianças. E John, é claro, não queria fazer isso". Assim, parecia que os planos ambiciosos de Milius seriam frustrados. Raffaella De Laurentiis diz: "O filme terminou com uma dica de que haveria mais de um filme. Este deveria ter sido o início da trilogia. O primeiro filme tratava da força bruta. O segundo tratava da responsabilidade e de como a espada era usada. E o terceiro tratava das consequências da espada".

Conan, o Destruidor foi lançado em 1984. A primeira e única continuação de *Conan* estrelada por Schwarzenegger surgiu com críticas mistas e um desempenho decepcionante nas bilheterias. Estava longe da trilogia violenta planejada por Milius, mas Dino De Laurentiis achou que um filme menos gráfico encontraria um público maior. Em vez disso, a continuação alienou o público conquistado pelo primeiro filme. Além de Schwarzenegger, apenas Mako retornaria do elenco original. Outro filme, *Conan, o Conquistador*, estava planejado para 1987, possivelmente com o diretor de *James Bond*, Guy Hamilton, ou John Guillermin, de *King Kong* (1976), no comando. No entanto, Schwarzenegger já havia assinado contrato para filmar *O Predador* (1987) e seu contrato com De Laurentiis havia expirado. O terceiro filme surgiria mais tarde de forma bastante alterada como *Kull, o Conquistador* (1997). O produtor Buzz Feitshans expressou sua decepção com a trilogia fracassada. "Sempre achei que foi uma oportunidade perdida. Mas quem você escolhe para interpretar Conan? É como James Bond. Se você perguntar 'quem é Bond?', só há uma resposta."

Nos anos seguintes, a perspectiva de mais filmes de *Conan* ocasionalmente ressurge. Em 2012, a Universal Pictures planejava reviver a franquia com Schwarzenegger em *The Legend of Conan* (A Lenda de Conan), que seria uma continuação direta do filme de Milius (ignorando *Conan, o Destruidor* e o remake de 2011 com Jason Momoa). No entanto, isso nunca passou do período inicial de desenvolvimento.

Em 2019, Milius e Schwarzenegger anunciaram planos para *King Conan: Crown of Iron* (Rei Conan: A Coroa de Ferro). Milius nutria a ideia há 40 anos. "[Schwarzenegger] interpretará Conan como um rei e um pai. Eu li muito de R. E. Howard, muita história, e também li outros romances e coisas do tipo, e examinei certas coisas e cheguei novamente a uma compreensão do que a essência de Conan deveria ser". A história mostraria um Conan mais velho em uma coalizão instável com um imperador para trazer paz à nação, mas o preço seria seu filho Kon. A história expressaria a visão de Milius de que verdadeiros líderes devem abrir mão de seu poder antes que a enfermidade se estabeleça. Até o momento, essa aventura de Conan permanece apenas no papel.

Existem outras aventuras perdidas de Conan, provenientes da imaginação de Oliver Stone, que podem se adequar melhor aos avanços tecnológicos de hoje. Por exemplo, o trecho original do roteiro de Stone para *Conan* parecia algo saído de Tolkien:

Saindo da floresta, o EXÉRCITO DO INFERNO avança ao som dos tambores, pontas de aço reluzindo ao sol. Primeiro, os mutantes da infantaria pesada, suas presas se curvando sobre seus lábios até as maçãs do rosto, com seus vívidos capacetes com chifres verdes, e seus pequenos broquéis de ferro agarrados aos seus antebraços peludos e musculosos.

OS MUTANTES PORCOS, corpos de homens com os rostos rosados imundos, de javalis selvagens e porcos com focinhos bulbosos e pequenos olhos vermelhos e injetados de sangue sob capacetes de formato nazista usando suas correntes, bolas e ferros triplos.

OS MUTANTES INSETOS, AS CABEÇAS DE HIENA, uma legião de MOSCAS e INSETOS ZUMBIDORES, tudo isso foi idealizado por Stone no início do primeiro projeto. Conan provavelmente olharia para todos esses monstros pensando se tratar do fim do mundo e falaria: *"Bem, talvez seja minha hora, e talvez não seja, mas vou levar o máximo desses cães comigo".*

ACIMA: Um Rei Conan barbudo era o plano de Milius para o terceiro filme, ainda não realizado.

JIM DANFORTH

A fonte de imaginação e talento, na visão de Oliver Stone para *Conan*, se estendia para além do escritor e diretor. O sete vezes vencedor do Oscar, Rick Baker, estava junto para criar as muitas criaturas para a versão de Stone, assim como o especialista em *stop motion* e pintor de *matte* Jim Danforth.

Infelizmente, Baker saiu quando De Laurentiis assumiu o projeto, já que ambos haviam se desentendido durante a produção de *King Kong* (1976). Rick Baker não teve oportunidade de criar nenhuma ilustração para a versão de Stone, pois o filme não entrou em produção. Contudo, Danforth compartilha aqui suas ilustrações para o filme, pela primeira vez.

Danforth estava ansioso para trabalhar com Ron Cobb, e gostava de seus designs, mas achava que o mundo de Conan precisava de um tom mais sombrio, alinhado com os livros e histórias originais. "Quando era adolescente, li algumas das histórias de *Conan* e fiquei impressionado com o tom sombrio delas. Era assim que eu visualizava *Conan*. Parecia também ser o que o roteiro de Oliver Stone indicava. Eu não queria ajudar a fazer o design de um filme de 1980, eu queria fazer o design de um filme para a posteridade — um filme que não teria cara de 1978, quando fosse visto alguns anos depois."

ABAIXO: Arte de Jim Danforth para a versão de *Conan* de Oliver Stone, que está sendo vista aqui por inteiro pela primeira vez.

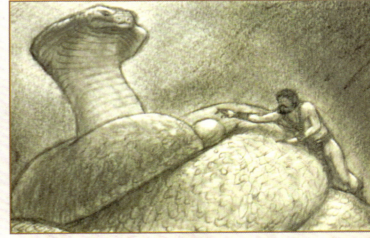

PÓS-PRODUÇÃO 167

VALÉRIA

O design de Danforth para Valéria adotou uma abordagem sem frescuras, mais alinhada com um viking, mas foi rejeitada por Ed Pressman, que levou Danforth para passear por lojas de Beverly Hills para ver o que as mulheres da época estavam usando. Daí em diante, Danforth decidiu se concentrar no design de criaturas.

YASMINA

Esta era a princesa boazinha na história original de Stone, e Pressman considerou Sissy Spacek para o papel. "Figurinos para culturas antigas imaginárias tendem a sugerir culturas antigas verdadeiras, a menos que designs estranhos sejam usados, mas designs estranhos não sugerem 'mulheres de hoje em dia' também — sempre um dilema para os designers."

OS HIPERBÓREOS

A cabeça na lança é da mãe de Conan. A criatura parecida com um morcego no topo era uma das muitas que teriam sido animadas por *stop motion*.

HÁRPIA

Este demônio do roteiro de Stone é apresentado coberto por envoltórios de couro costurado e espinhos "sugerindo um traje de submissão sexual".

TARAMIS

A gêmea maligna de Yasmina. Sua verdadeira forma é revelada como uma cobra, mas apenas quando olhada através de um espelho. A cabeça teria sido animada e mesclada com um ator de verdade usando um efeito de espelho, já que só poderia ser visto no reflexo.

BRAK, O BÁRBARO

Danforth: "O grande falo e a proteção de acesso rápido refletiam o tom do roteiro de Oliver Stone."

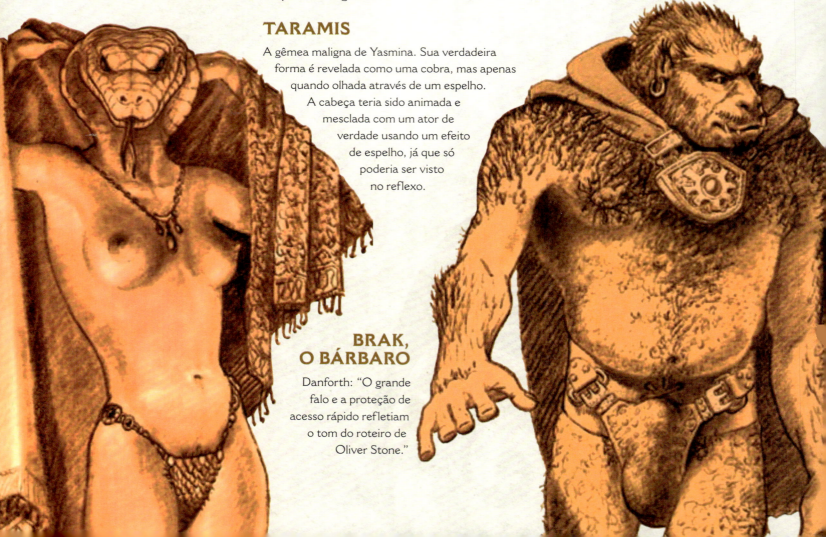

OS DEUSES DAS SOMBRAS
O final quase bíblico do filme revelaria este gigantesco tentáculo. "Às vezes me perguntava se não estávamos nos metendo em algo maior do que poderíamos lidar ao preparar este filme", diz Danforth.

ROBÔ GUERREIRO
Desenho inacabado de um robô guerreiro.

A CIDADE DE SHADIZAR
Esboço inicial de Jim Danforth.

PÓS-PRODUÇÃO 169

À ESQUERDA:
Maquete conceitual do 'Condenado' de Wolf.

À DIREITA:
Maquete conceitual do 'Guardião' de Wolf.

MARK WOLF

O veterano produtor e diretor de efeitos visuais, Mark Wolf, foi um dos vários artistas conceituais contratados para criar visões de cenas com antecedência à produção. "Eu fiz várias maquetes de cenas completas em três dimensões, e uma chamou a atenção do produtor: Conan lutando contra O Deus da Tigela, baseado em um conto muito famoso de Robert E. Howard. Pediram para que eu apresentasse a maquete para John Milius, Buzz Feitshans e outras pessoas da 'A-Team'."

Essa não era uma reunião de apresentação comum para Wolf. "Cheguei ao escritório deles e percebi que não havia uma porta. Ela tinha sido removida e estava sendo usada como alvo para lâminas. Milius olhou para a maquete, e eu pensei que qualquer pessoa que tivesse lido Howard reconheceria o famoso personagem. Milius a descartou, dizendo 'Vamos ter apenas uma cobra'."

Wolf então mudou sua apresentação à luz dessa revelação reptiliana. "Aproveitei a oportunidade para vender a animação *stop motion* como a abordagem correta e me disseram que a cobra seria um adereço. E sem espaço para discussão. Eu disse: 'Ok, o filme é dele!'"

NA PÁGINA AO LADO: Peça conceitual de Wolf, 'Conan: Sangue Derramado ao Pôr do sol'.

ABAIXO: Depois que a filmagem terminou, a grande e cara cobra animatrônica sumiu.

PÓS-PRODUÇÃO

PÓS-PRODUÇÃO
O LANÇAMENTO DE CONAN

O legado do filme de John Milius ainda é sentido fortemente hoje em dia, com *Game of Thrones* e outros épicos violentos de espada e feitiçaria provando serem extremamente populares. No entanto, na época, ninguém tinha certeza se *Conan, o Bárbaro*, encontraria um público, ou mesmo se o público veria a versão completa do filme que o diretor tinha planejado. Raffaella De Laurentiis certamente tinha suas preocupações a respeito de conseguir a aprovação do filme pelos censores americanos. "Com *Conan*, recebemos uma classificação 'para maiores de 18 anos' em três envios à MPAA antes de obtermos uma classificação 'não recomendado para menores de 16 anos'. Então *Conan* é o filme que ajudou a criar essa nova classificação, PG-13." Ironicamente, seria o próximo filme de John Milius, *Amanhecer Violento* (1984), que seria oficialmente o primeiro filme lançado sob o recém-criado certificado PG-13.

Dino De Laurentiis estava incerto em relação ao filme, mesmo quando estava pronto para ser exibido, assim como os executivos do estúdio. "Tivemos uma prévia do filme", revela Raffaella De Laurentiis, "e Ned Tanen, o chefe da Universal Pictures, estava muito preocupado com a violência e a ação. Meu pai e a Universal simplesmente não eram fãs por causa da violência. Era único, o que acho que fez o filme ter tanto sucesso. Fomos para Las Vegas para uma prévia com todos os executivos da Universal, e John, Buzz, eu e todos estávamos muito nervosos com essa exibição. Vimos uma fila dando a volta no quarteirão quando chegamos ao cinema, mas era uma fila de motoqueiros com cabeças raspadas, pessoas com correntes e jaquetas de couro. Percebemos que havia mais pessoas do que assentos no cinema. Todo mundo no cinema disse: 'Não queremos mandar essa multidão para casa. Eles não ficarão felizes. Isso vai acabar em tumulto'."

Raffaella De Laurentiis encontrou uma solução engenhosa que agradaria a todos os espectadores ansiosos e não deixaria ninguém de fora. Os rolos de filme teriam aproximadamente dez minutos de filmagem e precisariam ser trocados a cada dez minutos na cabine de projeção. "Isso foi quando você tinha rolos para o filme. Então nós levamos os rolos de bicicleta de uma sala de exibição para outra e organizamos as exibições em horários diferentes. Assim, preenchemos as três telas de cinema. E a reação foi incrível. E eu nunca vou esquecer o Ned Tanen e meu pai. Eles estavam olhando um para o outro e dizendo: 'O que estamos perdendo aqui? O que está acontecendo que não entendemos?' Mas foi uma noite divertida. Foi uma experiência incrível. Eu me diverti muito."

Para John Milius, foi um enorme alívio que sua visão tivesse encontrado uma plateia animada. "Lembro-me de que a melhor coisa foi entrar no cinema no momento em que eu sabia que todos iriam adorar, aquele em que a seleção natural escolheu Conan. E ele olha para cima depois de empurrar a Roda da Dor, e é o Arnold. As pessoas enlouqueceram."

Ninguém ficou mais satisfeito do que Arnold Schwarzenegger. "Desde o momento em que exibimos esse filme pela primeira vez, eu sabia que seria um sucesso! Fui conectado à uma máquina enorme, diferente de tudo que jamais esperava em minha vida, eu daria um salto tão grande para a frente. E que esta poderia ser minha chance de deixar para trás meu passado como fisiculturista e entrar na arena mundial do show business."

O lançamento do filme planejado para o Natal de 1981 teve que ser adiado para maio de 1982 enquanto cortes eram feitos nas cenas mais violentas. Isso incluía o ataque inicial ao vilarejo por Thulsa Doom e os closes prolongados das imagens das cabeças decepadas da mãe e do pai de Conan.

ACIMA: O status de estrela de Schwarzenegger foi assegurado depois do lançamento do filme.

Também foram cortadas a cena em que Subotai ataca um monstro na Torre das Serpentes, e Conan cortando o braço de um ladrão de carteiras em um bazar. A versão do filme lançada deveria ter 140 minutos, mas a versão final de 129 minutos para o lançamento internacional e a versão americana de 126 minutos seriam suficientes para satisfazer os proprietários de cinemas que desejavam realizar até três exibições do filme por dia.

As pré-estreias oficiais de *Conan, o Bárbaro* começaram em fevereiro de 1982 em Houston, Texas. A demanda era alta, e notícias locais relataram que mil pessoas foram impedidas de assistir à sessão lotada. No mês seguinte, foram realizadas pré-estreias em 30 cidades nos Estado Unidos. A receita final do filme de 80 milhões de dólares nas bilheterias foi ainda mais impressionante considerando sua classificação etária. Espectadores enfrentaram filas por horas. Foi relatado que, em Washington, as multidões causaram congestionamentos de trânsito. No entanto, 1982 se mostraria um ano lucrativo para a Universal Pictures, que afirmou ter uma participação de 30% na bilheteria com sucessos como *A Melhor Casa Suspeita do Texas*, *Num Lago Dourado* e *E.T.: O Extraterrestre* (na época, o filme de maior sucesso na história do cinema).

Não foi inesperado que os críticos destacassem a violência de *Conan* e a falta de experiência em atuação do seu elenco principal. Milius foi criticado por brincar com o legado de *Conan* e criar seu próprio mundo para se adequar aos seus propósitos, e havia muita espada, mas pouca feitiçaria para os críticos que eram fãs das histórias originais de Howard.

O influente crítico de cinema Roger Ebert, do *Chicago Sun-Times*, e seu parceiro de análise na tela, Richard Schickel, da *Time*, melhor expressam a visão dividida entre os especialistas. Ebert elogiou o filme como "uma fantasia perfeita para o pré-adolescente alienado". Por outro lado, Schickel foi bastante crítico: "*Conan* é uma espécie de *Star Wars* psicótico, estúpido e estupefaciente."

A contagem de corpos exibida na tela era motivo de preocupação para Jack Kroll, da *Newsweek*, que condenou o filme como "sem alegria e sem estilo". Sua inquietação em relação à violência foi ecoada por Stu Schreiberg, que relatou no *San Francisco Chronicle* que contou 50 mortes no filme. Outros, no entanto, queriam mais morte e destruição para manter a história alinhada com a visão original de Robert E. Howard. Fãs ardorosos das histórias originais de Howard sentiram que o filme havia se desviado demais do material original para poder ser chamado de "Conan" legitimamente.

James Wolcott viu os valores de *Conan* de superar adversidades com força bruta como uma vitória para o público masculino jovem. Sua crítica na *Texas Monthly* revelou esse apelo: "fracotes de 45 quilos que querem chutar a cara dos valentões e conquistar a adoração ofegante de uma gatinha de praia".

A atuação de Arnold Schwarzenegger foi alvo de algumas críticas, mas sua aparência na tela foi elogiada por retratar de perto a lenda de Howard. Sandahl Bergman foi elogiada por sua atuação embora o historiador e escritor de cinema Carlos Clarens tenha declarado que a interpretação de James Earl Jones como Thulsa Doom era "pior que ridículo". No entanto, Roger Ebert, do *Chicago Sun-Times*, tinha uma visão oposta, elogiando a interpretação de Jones: "Ele trouxe poder e convicção para um papel que parece inspirado em partes iguais por Hitler, Jim Jones e Goldfinger".

Todos os críticos elogiaram a trilha sonora de Basil Poledouris. Em 2004, o compositor refletiu a respeito da música e de seu impacto. "Ninguém levava filmes de fantasia tão a sério antes deste filme. Acho que John Milius tentou se manter fiel ao espírito dos livros de Robert E. Howard, e Conan era muito real para Howard e, assim como Tolkien, Howard criou este mundo que talvez não fosse tão complexo, mas igualmente poderoso. A ideia do homem contra a natureza neste filme era muito atraente porque esse homem não era uma vítima e podia dominar esse mundo hostil."

PÓS-PRODUÇÃO 173

NESTA PÁGINA: A interpretação de Conan por Schwarzenegger criaria um novo gênero de cinema que perdura até hoje.

PÓS-PRODUÇÃO
O LEGADO DE CONAN

Quarenta anos depois, o legado de *Conan* é evidente na ascensão da violência histórica como um gênero em si, com *Game of Thrones* fazendo sucesso desde 2011. Muitos outros apareceram desde então. Mas mesmo no ano em que *Conan* foi lançado, outros tentaram capitalizar seu sucesso inovador. Encorajados pelo sucesso de bilheteria de *Conan*, outros filmes de baixo orçamento surgiram rapidamente, incluindo *O Príncipe Guerreiro* (1982) e *A Espada e os Bárbaros* (1982). No entanto, o legado de longo prazo de *Conan* foi sentido além do cinema. Um elaborado show de dublês no Universal Studios foi lançado com o título *As Aventuras de Conan* como parte do tour pelo estúdio. Novos livros, quadrinhos e revistas surgiram. Uma série de televisão animada, *Conan, o Bárbaro*, teve 65 episódios de 1992 a 1993, e uma série de ação com atores com um título semelhante teve 22 episódios de 1992 a 1993.

Um notório processo judicial ocorreu na década de 1980 entre a empresa de brinquedos Mattel e os proprietários de *Conan*, a Conan Properties International (CPI), depois que *He-Man* foi criado e a Mattel desistiu de um acordo de licenciamento para criar uma linha de brinquedos baseada em *Conan*. A Mattel saiu vitoriosa do tribunal ao mostrar que *He-Man* já existia antes da assinatura do acordo legal com a CPI.

A visão singular de John Milius e a história da realização de *Conan* nas telas são tanto uma luta pela visão criativa e controle individual, quanto pelo próprio Conan. As críticas foram conflitantes, e Milius encontrou uma que ele achou que melhor resumia a experiência:

"Eu frequentemente penso na crítica da revista Time, por Richard Schickel, que foi muito curta, e chamou nosso filme de 'Star Wars filmado por um psicopata'. Eles nos descartaram completamente, sabe, como apenas um monte de bobagens de espadas e feitiçaria e esse tipo de coisa. E ainda assim, parece ter um efeito nas pessoas. Vejo isso como minha obra. Vejo tudo como uma batalha. Porque eu sempre quis ser um general, nunca quis ser um diretor, sabe? E essa foi uma grande batalha. Foi uma batalha gigante! E foi cuidadosamente planejada, concebida e executada com grande habilidade e poder, e a batalha foi vencida."

À DIREITA: O dragão animatrônico gigante de "As Aventuras de Conan: Um Espetáculo de Espada e Feitiçaria", atração que ficou em cartaz no Universal Studios, na Flórida, entre 1983 e 1993.

BIBLIOGRAFIA

Dino: The Life and Films of Dino De Laurentiis, de Tullio Kezich e Alessandra Levantesi.
"Part One: Frank Frazetta Profile"; *The Boca Beacon*; Boca Grande, Florida.
"Frazetta Painting Sells for $1 Million"; *Spectrum*; 14 de novembro de 2009; arquivado do original em 17 de julho de 2011.
Lucas, George, in Arnold, Alan (1980); *Once Upon A Galaxy: A Journal of the Making of The Empire Strikes Back*; Ballantine Books.
Chasing The Light de Oliver Stone. Monoray / Octopus Publishing
Revista *Fantastic Films*; edição 29; Entrevista a Blake Mitchel Jim Ferguson / junho de 1982.
Revista *Starlog*; edição 57; Entrevista a James Van Hise & Dennis Fisher / abril de 1982.
Revista *Cinefantastique*; Vol 12 No:2 / Vol 12 No:3 57; entrevista a Paul Sammon / abril de 1982.
'Apocalypse writer: Most scripts today are garbage' de Thom Patterson; CNN / março de 2009.
An Interview with John Milius de Ken P. www.ign.com /7 de maio de 2003.
"I was never conscious of my screenplays having any acts. It's all bullshit." – John Milius; *Creative Screenwriting* / 11 de fevereiro de 2015. https://www.creativescreenwriting.com/i-was-never-conscious-of-my-screenplayshaving-any-acts-its-all-bullshit-john-milius/
"Anthea Sylbert doesn't just drop director John Milius' name …"; *Boston Globe*; 30 de Agosto de 1981.
Williams, Owen (maio de 2010); 'Conan the Unmade'; revista *Empire*; No. 251; London, UK; Bauer Media; pp. 114–120.
Big Bad John: The John Milius Interviews de Nat Segaloff / Bearmanor Media 2021.
BBC Television; Omnibus: 'The Last Movie Mogul; produzido e dirigido por Adrian Sibley; 30 de março de 2001.
Total Recall: My Unbelievably True Life Story de Arnold Schwarzenegger; S&Schuster 2012.
Chasing Conan: The Definitive History of the Making of the Riddle of Steel; escrito e dirigido por Randall Lobb; 2015 Faux Pop Media.
'The World of William Stout'; *Untold Tales of Hollywood* #107; William Stout.com; 2021.
www.conancompletist.com/EN/william_stout
Tales from the Cult Film Trenches: Interviews with 36 Actors from Horror, Science Fiction and Exploitation Cinema de Louis Paul; McFarland & Co; Illustrated edition (maio de 2007).
http://www.comic-art.com/interviews/stout101.htm
"Arnie Killed Me! Schwarzenegger's victims speak…" de Chris Hewitt; revista *Empire*; 2016.
Conan Unchained: The Making Of Conan the Barbarian, de L. Bouzereau; Universal 2000.
Colin Arthur Criaturas, Maquillajes y Efectos Especiales de Victor Matellano; Pigmalion Ediciones; 2013.
Rodando por el mundo: mis recuerdos y trucajes cinematográficos de Emilio Ruiz del Río;
Eride Ediciones; 2016.
Maquetas, látex, monstruos y aviones de Carlo de Marchis;
Area51ediciones; 2017.
Dinosaurs, Dragons and Drama: The Odyssey of a Trick Filmmaker. Book Two: The Siege – An Illustrated Memoir de Jim Danforth; Archive Editions 2015.
"Detras De La Claquets" de M. Luisa Pino; Area51ediciones; 2017.
Revista *Starlog*; edição 62; entrevista a David Hutchinson; 1982.
Film Score Monthly (Vol 9 No4) de S. Mark Rhodes; abril-maio de 2004.
Conan Archive original EPK Electronic Press Kit; Dino De Laurentiis Corp; 1981.
The Barbarian Keep website http://www.barbariankeep.com/heroic
Knowing the Score: Film Composers Talk About the Art, Craft, Blood, Sweat, and Tears of Writing for Cinema de David Morgan; Harper Entertainment, 2000.
Flights of Fantasy: The Great Fantasy Films de Kenneth Von Gunden; McFarland & Company; 2001.
Film Directors on Directing de John A. Gallagher; Praeger Publishers; 1989.

ENTREVISTAS

Raffaella De Laurentiis entrevistada por John Walsh em 8 de janeiro de 2022
Buzz Feitshans entrevistado por John Walsh em 10 de janeiro de 2022
Colin Arthur entrevistado por John Walsh em 16 de novembro de 2021
Marisa Pino entrevistada por John Walsh em 15 de dezembro de 2021
Carlo de Marchis entrevistado por John Walsh em 10 de setembro 2021

AGRADECIMENTOS

Alan Friswell
Alban de Vestel
Albion Swords
Andy Jones, Titan Books
Andy Johnson
Barry Nolan
Benjamin Fernandez
Buzz Feitshans
Carlo de Marchis
Colin Arthur
Domingo Lizcano
Fredrik Malmberg
Jacinto Soria
Jay Zetterberg
Jim Danforth
Justin Miller, Prop Store
Marcos Cronander, Heroic Signatures
Marisa Pino
Mark Wolf

Matt Murray, Heroic Signatures
Matthew Feitshans
Milan Records
Nick Allder
Nick Landau
Paul Sammon
Peter Kuran
Raffaella De Laurentiis
Renato & Gaby Casaro
Sara Frazetta
Sarah Sorkin, Prop Store
Steve Booth, Heroic Signatures
Terry Leonard
Tim Lawes Prop Store
Victor Matellano
Vivian Cheung
William Robinson, Titan Books
William Stout